石油石化职业技能培训教程

车用加气站操作员

（压缩天然气加气模块）

（下册）

中国石油天然气集团有限公司人力资源部　编

石油工业出版社

内容提要

本书是由中国石油天然气集团有限公司人力资源部统一组织编写的《石油石化职业技能培训教程》中的一本。本书内容包括车用加气站操作员高级工应掌握的基础知识、专业知识以及相关知识，并配套编写了相应层级的练习题。

本书既可用于职业技能鉴定前的培训，又可用于员工岗位技术培训和自学提高。

图书在版编目(CIP)数据

车用加气站操作员(压缩天然气加气模块). 下册/中国石油天然气集团有限公司人力资源部编. —北京:石油工业出版社,2016.3

石油石化职业技能培训教程

ISBN 978-7-5183-1133-0

Ⅰ. 车⋯

Ⅱ. 中⋯

Ⅲ. 汽车-天然气-配气站-技术培训-教材

Ⅳ. U491.8

中国版本图书馆 CIP 数据核字(2016)第 021218 号

出版发行:石油工业出版社

   (北京市安定门外安华里 2 区 1 号楼 100011)

  网 址:www.petropub.com

   编辑部:(010)64251682

   图书营销中心:(010)64523633

经 销:全国新华书店

印 刷:北京中石油彩色印刷有限责任公司

2016 年 3 月第 1 版 2024 年 4 月第 3 次印刷

787 毫米×1092 毫米 开本:1/16 印张:11.25

字数:293 千字

定价:46.00 元

(如发现印装质量问题,我社图书营销中心负责调换)

版权所有,翻印必究

《石油石化职业技能培训教程》

编 委 会

主　任：黄　革

副主任：王子云　何　波

委　员（按姓氏笔画排序）：

丁哲帅　马光田　丰学军　王　莉　王　雷
王正才　王立杰　王勇军　尤　峰　邓春林
史兰桥　吕德柱　朱立明　刘　伟　刘　军
刘子才　刘文泉　刘孝祖　刘纯珂　刘明国
刘学忱　江　波　孙　钧　李　丰　李　超
李　想　李长波　李忠勤　李钟磬　杨力玲
杨海青　吴　芒　吴　鸣　何　峰　何军民
何耀伟　宋学昆　张　伟　张保书　张海川
陈　宁　罗昱恒　季　明　周　清　周宝银
郑玉江　胡兰天　柯　林　段毅龙　贾荣刚
夏申勇　徐春江　唐高嵩　黄晓冬　常发杰
崔忠辉　蒋革新　傅红村　谢建林　褚金德
熊欢斌　霍　良

前 言

随着企业产业升级、装备技术更新改造步伐不断加快,对从业人员的素质和技能提出了新的更高要求。为适应经济发展方式转变和"四新"技术变化要求,提高石油石化企业员工队伍素质,满足职工鉴定的需要,中国石油天然气集团公司职业鉴定指导中心根据2015年版《国家职业大典》对工种目录的调整情况,修订了《石油石化行业职业资格等级标准》,在新标准的指导下,对"十五"、"十一五"期间编写的职业技能培训教程和职业技能鉴定试题集进行了全面修订。

本套书的修订坚持以职业活动为导向、以职业技能提升为核心,以统一规范、充实完善为原则,注重内容的先进性与通用性。修订的内容主要是新技术、新工艺、新设备、新材料。教程内容范围与鉴定题库基本一致,每个工种的教程分上、下两册,本书上册为初、中级工的内容,下册为高级工的内容,同时配套编写了相应层级的练习题,便于读者对知识点的理解和掌握。本套书既可用于职业技能鉴定前培训,也可用于员工岗位技术培训和自学提高。本套教材为员工免费提供学习增值服务,员工可通过石油工业出版社官方微信"微油题库"、油题库APP手机移动端进行自主练习和组卷测试。

本教程由中石油昆仑燃气有限公司组织编写,崔宏杰任主编,宋敏、裴家友、陈州任副主编。参加编写的人员有王晖、王兰萍、石光华、孙扬、李建梅、张伟、徐大伟,参加审定的人员有何波、胥勇、王奇勇、王建超、王鹏飞、刘华、刘思梦、李若辉、宋晖、张圣、张广星、陈翀、陈静、陈宗文、周继辉、郑珊珊、胡天鸿、姜俊。

由于编者水平有限,针对书中错误、疏漏之处,请广大读者提出宝贵意见。

编 者
2015年10月

目 录

高 级 工

第一章 天然气的基础知识 ……………………………………………… (3)
    第一节 燃气的爆炸极限 ……………………………………………… (3)
    第二节 燃气的燃烧特性 ……………………………………………… (5)
    高级工练习题及答案 ………………………………………………… (7)
第二章 压缩天然气加气站的工艺流程 ………………………………… (11)
    第一节 压缩天然气母站的工艺流程 ………………………………… (11)
    第二节 压缩天然气子站的工艺流程 ………………………………… (11)
    高级工练习题及答案 ………………………………………………… (16)
第三章 压缩天然气加气站常用设备及储气设施 ……………………… (27)
    第一节 加气站常用设备 ……………………………………………… (27)
    第二节 压缩天然气储气设施 ………………………………………… (33)
    第三节 运输用储气设施的维护 ……………………………………… (38)
    第四节 CNG 加气站压力容器检验 …………………………………… (41)
    高级工练习题及答案 ………………………………………………… (43)
第四章 压缩天然气加气子站的卸气操作 ……………………………… (58)
    第一节 液压加气子站的卸气操作 …………………………………… (58)
    第二节 压缩加气子站的卸气操作 …………………………………… (63)
    第三节 卸气柱的卸气操作 …………………………………………… (64)
    高级工练习题及答案 ………………………………………………… (66)
第五章 压缩天然气加气设备的维护保养 ……………………………… (82)
    第一节 设备的吹扫和置换 …………………………………………… (82)
    第二节 加气设备的日常维护及检定 ………………………………… (86)
    第三节 润滑油及其管理 ……………………………………………… (90)
    高级工练习题及答案 ………………………………………………… (95)
第六章 压缩天然气加气站的安全知识及应急预案 …………………… (113)
    第一节 加气站的安全措施、注意事项及安全检查 ………………… (113)
    第二节 危险和危害因素的辨识 ……………………………………… (114)
    第三节 应急预案 ……………………………………………………… (118)
    第四节 安全生产事故预防管理 ……………………………………… (121)
    第五节 压缩天然气加气站应急处置措施 …………………………… (124)

高级工练习题及答案 (126)
车用加气站操作员高级模拟试卷及参考答案 (141)
附录 (159)
　　附录1　车用加气站操作员职业资格等级标准 (159)
　　附录2　高级车用加气站操作员理论知识鉴定要素细目表 (165)
　　附录3　高级车用加气站操作员技能操作鉴定要素细目表 (170)
　　附录4　车用加气站操作员技能操作考试内容层次结构表 (171)
参考文献 (172)

高 级 工

目次

第一章 天然气的基础知识

天然气是清洁优质的能源,是最理想的燃料之一。目前,天然气产业正处在蓬勃发展阶段,天然气逐步成为世界首选能源之一。天然气具有易燃易爆的特点,要安全管理和使用天然气,就必须对其有一个正确的认识。

天然气是指动、植物遗体通过生物、化学及地质变化作用,在不同条件下生成、转移,并在一定压力下储集,埋藏在深度不同的地层中的优质可燃气体。天然气是一种无色、无味的混合气体,其主要成分是饱和烃,以甲烷为主,乙烷、丙烷、丁烷、戊烷含量不多,也含有少量非烃类气体,如一氧化碳、二氧化碳、氮气、氢气、硫化氢、水蒸气及微量的惰性气体氦、氩等。

天然气在标准状况下的密度约为 $0.7174kg/m^3$,对空气的相对密度为 0.5548。天然气很容易扩散,易与空气或氧气混合形成爆炸性气体。天然气在空气中的爆炸极限为 5%~15%,在标准状况下其沸点为 -162.6℃,熔点为 -182.5℃,临界温度为 -82.45℃。

天然气既是制取合成氨、炭黑、乙炔等化工产品的原料气,又是优质燃料气,是理想的城镇燃气气源。有效利用天然气对于促进低碳化、实现节能减排、提高能源利用率和实现能源的可持续发展具有重要的意义。天然气的开采、储运和使用既经济又方便。例如,液态天然气的体积仅为气态的 1/600,有利于运输和储存。一些天然气资源缺乏的国家通过进口天然气或液化天然气以发展城镇燃气事业,天然气工业在世界范围内发展迅速。

关于天然气的分类、性质、用途、技术指标以及压缩天然气的质量要求与天然气汽车基本知识等内容,已在《车用加气站操作员(上册)》第一章作为重点给予了介绍。在本章只对燃气的爆炸极限及其影响因素与天然气的燃烧特性等内容进行重点讲解。

第一节 燃气的爆炸极限

一、爆炸极限的概念

爆炸极限是指可燃气体与空气的混合物遇火源发生爆炸的可燃气体浓度(体积分数)范围,范围的最大值是爆炸极限上限,范围的最小值是爆炸极限下限。

GAA001 爆炸极限的概念

二、爆炸极限的影响因素

各种可燃气体和可燃液体蒸气,它们的理化性质不同,因而具有不同的爆炸极限。一种可燃气体或可燃液体蒸气的爆炸极限也不是固定不变的,受含氧量、初始压力、初始温度、惰性介质、点火源以及容器的材料、尺寸等因素的影响。

GAA002 爆炸极限的影响因素

(一)含氧量对可燃气体爆炸极限的影响

混合物中含氧量增加,一般对爆炸极限下限影响不大,因为在爆炸极限下限时氧气对于可燃气体是过量的。而由于在爆炸极限上限时含氧量相对不足,增加含氧量会使惰性气体氮气减少,散热损失减少,爆炸极限上限得以提高。

(二)初始压力对可燃气体爆炸极限的影响

混合物的初始压力对爆炸极限有很明显的影响,爆炸极限的变化也比较复杂。一般来说,初始压力增大,爆炸极限范围也扩大,尤其是爆炸极限上限显著提高。这是因为系统压力升高,使分子更为接近,碰撞概率增大,使燃烧反应更为容易进行。压力降低,则爆炸极限范围缩小;当压力降到某值时,则爆炸极限上限与爆炸极限下限重合,此时对应的压力称为爆炸的临界压力。

(三)温度对可燃气体爆炸极限的影响

混合气体的初始温度升高,则爆炸极限下限会降低、上限会提高,爆炸极限范围扩大。因为系统温度升高,分子内能量增加,使原来不燃的混合物成为可燃、可爆系统。所以系统温度升高,可燃气体的爆炸危险性增加。

(四)惰性介质对可燃气体爆炸极限的影响

如果在爆炸混合物中加入不燃烧的惰性气体(如二氧化碳、水蒸气、氦气、氮气等),随着惰性气体浓度(体积分数)的增加,爆炸极限范围会缩小;惰性气体的含量提高到一定浓度时,可使混合物不能发生爆炸。一般情况下,惰性气体对混合物爆炸极限上限的影响较之对下限的影响更为显著。因为惰性气体浓度加大,可燃成分相对减少,故惰性气体含量稍微增加一点即产生很大影响,而使爆炸极限上限大幅下降。

(五)点火源对可燃气体爆炸极限的影响

点火源的性质对爆炸极限有很大的影响。如果点火源的强度高,热表面的面积大,点火源与混合物的接触时间长,就会使爆炸极限扩大,可燃气体的爆炸危险性就会增加。如火花的能量、热表面的面积、火源与混合物的接触时间等,对爆炸极限均有影响。

(六)充装容器对可燃气体爆炸极限的影响

充装容器的材质、尺寸等对可燃气体爆炸极限均有影响。实验证明,容器内径越小,爆炸极限范围越小;当内径小到一定程度时,火焰因不能通过而熄灭。关于材料的影响,例如,氢气和氟在玻璃器皿中混合,即使放在液态空气温度下于黑暗中也会发生爆炸,但在银制器皿中要到常温下才能发生反应。

三、燃气的爆炸极限范围

由于天然气组分的不同,其爆炸极限存在差异:大庆石油伴生气是4.2%~14.2%,大港石油伴生气是4.4%~14.2%。通常将甲烷的爆炸极限视为天然气的爆炸极限,因此天然气的爆炸极限为5%~15%。

表1-1为常见几种可燃气体的爆炸极限和热值表。其中,热值是在0℃、101.325kPa条件下测定的,爆炸极限是在20℃、101.325kPa条件下测定的。

表 1-1 常见可燃气体的爆炸极限和热值

气体	分子式	高位热值,MJ/m³	低位热值,MJ/m³	爆炸极限上限,%	爆炸极限下限,%
甲烷	CH_4	39.842	35.902	15.0	5.0
乙烷	C_2H_6	70.351	64.397	13.0	2.9
丙烷	C_3H_8	101.266	93.240	9.5	2.1
氢气	H_2	12.745	10.786	75.9	4.0
硫化氢	H_2S	25.348	23.368	45.5	4.3

第二节 燃气的燃烧特性

一、燃气燃烧的概念

(一)燃气的燃烧

由 C、H 等元素组成的气体燃料是可燃物质,在空气中氧的作用下一遇明火即可进行燃烧,在燃烧的过程中发生化学反应,发出光和热。

GAA014 燃气的燃烧

(二)理论空气量和实际空气量

1. 理论空气量

理论空气量是指每立方米(或者每千克)燃气按燃烧反应计量方程式完全燃烧所需的空气量,单位是 m³/m³ 或者 m³/kg。理论空气量也是燃气完全燃烧所需要的最小空气量。

GAA015 理论空气量的概念

燃烧所需的氧气一般从空气中直接获得。如不考虑干空气中少量的二氧化碳和其他气体,则干空气的体积组成为含氧21%,含氮79%;质量组成为含氧23.2%,含氮76.8%。干空气中氮与氧的体积比为:

$$\frac{V_{N_2}}{V_{O_2}} = \frac{79}{21} = 3.76 \qquad (1-1)$$

例如氢气的燃烧:

$$H_2 + \frac{1}{2}O_2 = H_2O$$

上述反应式表明,在标准状况下,1m³ 氢气完全燃烧需 0.5m³ 氧气,折合到空气中燃烧大约需要 2.38m³ 空气。

GAA016 理论空气量的计算

2. 实际空气量

在实际燃烧中,因燃气与空气混合不均匀性等因素影响,只供给理论空气量 V_0 不能达到完全燃烧,因此实际空气量 V 应大于理论空气量。实际空气量与理论空气量的比值 α 称为过剩空气系数。

$$\alpha = \frac{V}{V_0} \qquad (1-2)$$

二、燃烧的稳定性

燃气燃烧的稳定性是指燃气在燃烧过程中,火焰清晰,不发生回火、脱火及黄焰现象。在使用燃气灶具的过程中,有时会听到"噗"的一声响,随后火焰便缩到燃烧器头部内燃烧,火苗软弱无力甚至熄火,这种现象称为回火;有时突然将燃气灶开关开足点火时会点不着火,或者即使点着了也会"飘走"直至熄灭,这种现象称为脱火;有时在燃气燃烧过程中常常会发现燃气火焰不是淡蓝色的,而是黄色长焰,这种现象便是黄焰的具体表现。

GAA012 燃烧的稳定性

三、燃烧势

燃烧速度指数——燃烧势 C_p,它反映了燃气燃烧产生离焰、黄焰、回火和不完全燃烧的倾向性,是一项反映燃具燃烧稳定状况的综合指标,能更全面地判断燃气的燃烧特性。

GAA013 燃烧势

高级工练习题及答案

一、理论知识试题

(一)单项选择题(每题四个选项,只有一个是正确的,将正确的选项号填入括号内)

1. AA001　爆炸极限的范围最大值称为(　)。
　　　　(A)爆炸极限上限　　　　　　　(B)爆炸极限上上限
　　　　(C)爆炸极限下限　　　　　　　(D)流量极限下下限

2. AA001　爆炸极限是指(　)遇火源产生爆炸的可燃气体浓度(体积分数)范围。
　　　　(A)天然气与助燃物的混合物　　(B)天然气与空气的混合物
　　　　(C)助燃物与空气的混合物　　　(D)可燃气体与空气的混合物

3. AA002　各种可燃气体和可燃液体蒸气,它们的(　)不同,因而具有不同的爆炸极限。
　　　　(A)理化性质　　(B)物理性质　　(C)化学性质　　(D)着火温度

4. AA002　相同的可燃气体在不同的初始温度下其爆炸极限(　)。
　　　　(A)与系统温度无关　　　　　　(B)相同
　　　　(C)不确定　　　　　　　　　　(D)不同

5. AA003　混合气体的初始温度升高,则爆炸极限范围(　)。
　　　　(A)不变　　　　　　　　　　　(B)缩小
　　　　(C)扩大　　　　　　　　　　　(D)与初始温度不相关

6. AA003　系统温度升高,可燃气体的爆炸危险性(　)。
　　　　(A)不变　　　　(B)增加　　　　(C)降低　　　　(D)消除

7. AA004　氧气对于可燃气体是过量的,意味着处于可燃气体的爆炸(　)。
　　　　(A)下限浓度　　(B)上限浓度　　(C)一般浓度　　(D)不确定浓度

8. AA004　由于在爆炸极限上限浓度时含氧量相对不足,因此爆炸性混合物中含氧量增加会使(　)减少。
　　　　(A)氢气　　　　(B)空气　　　　(C)氦气　　　　(D)氮气

9. AA005　一般情况下,(　)对混合物的爆炸极限上限的影响较之对下限的影响更为显著。
　　　　(A)天然气　　　(B)空气　　　　(C)氧气含量　　(D)惰性气体

10. AA005　惰性气体浓度加大,可燃成分相对(　)。
　　　　(A)减少　　　　(B)增加　　　　(C)不变　　　　(D)不确定

11. AA006　一般来说,压力(　),爆炸极限范围扩大,尤其是爆炸极限上限提高显著。
　　　　(A)不变　　　　(B)增大　　　　(C)调整　　　　(D)降低

12. AA006　爆炸极限上限与爆炸极限下限重合时对应的压力称为爆炸的(　)。
　　　　(A)标准压力　　(B)低压力　　　(C)超压力　　　(D)临界压力

13. AA007　在天然气燃烧时,当充装天然气容器管径(　)到一定程度时,火焰就会熄灭。
　　　　(A)不影响　　　(B)不变　　　　(C)变小　　　　(D)变大

14. AA007　充装燃气的容器直径越小,爆炸极限范围(　)。
　　　　(A)越大　　　　(B)越小　　　　(C)不变　　　　(D)不确定

· 7 ·

15. AA008　点火源的性质对爆炸极限有很大的影响。如果点火源的强度高,则爆炸性混合物的爆炸危险性(　)。
　　(A)不变　　　　(B)增大　　　　(C)消失　　　　(D)降低
16. AA008　点火源的性质对爆炸极限有很大的影响。热表面的面积(　),爆炸性混合物的爆炸危险性也就越大。
　　(A)越粗糙　　　(B)越小　　　　(C)越平整　　　(D)越大
17. AA009　天然气的爆炸极限为(　)。
　　(A)5%~15%　　(B)25%~30%　　(C)1%~10%　　(D)15%~25%
18. AA009　天然气与空气混合,当混合物中甲烷含量为80%时,混合物遇火源会(　)。
　　(A)爆炸　　　　(B)缓慢燃烧　　(C)不反应　　　(D)爆燃
19. AA010　由于物质的化学性质不同,热值也不同,下列物质中热值最高的是(　)。
　　(A)甲烷　　　　(B)乙烷　　　　(C)丙烷　　　　(D)氢气
20. AA010　天然气的热值最接近(　)MJ/m³。
　　(A)20　　　　　(B)35　　　　　(C)60　　　　　(D)80
21. AA011　由于物质的化学性质不同,爆炸极限也不同,下列物质中爆炸极限范围最宽的是(　)。
　　(A)甲烷　　　　(B)乙烷　　　　(C)丙烷　　　　(D)氢气
22. AA011　天然气的爆炸极限与(　)的最接近。
　　(A)甲烷　　　　(B)乙烷　　　　(C)丙烷　　　　(D)氢气
23. AA012　燃气在燃烧过程中,火焰清晰,不发生回火、脱火及黄焰现象称为(　)。
　　(A)燃烧的稳定性　(B)燃烧回火　　(C)燃气窜火　　(D)燃气脱火
24. AA012　在燃气燃烧过程中常常会发现火焰呈(　)。
　　(A)淡黄色　　　(B)淡蓝色　　　(C)深灰色　　　(D)浅红色
25. AA013　燃气的燃烧速度指数是指(　)。
　　(A)热值　　　　(B)华白数　　　(C)爆炸极限　　(D)燃烧势
26. AA013　能反映燃具燃烧稳定状况的综合指标的指数是(　)。
　　(A)燃烧势　　　(B)沃泊指数　　(C)爆炸极限　　(D)热值
27. AA014　由(　)等元素组成的气体燃料是可燃物质。
　　(A)C、H　　　　(B)N、O　　　　(C)N、P　　　　(D)O、P
28. AA014　天然气燃烧是发生了(　)反应。
　　(A)理化　　　　(B)物理　　　　(C)化学　　　　(D)混合
29. AA015　理论空气量是指燃气完全燃烧所需要的(　)空气量。
　　(A)最小　　　　(B)最大　　　　(C)合适　　　　(D)单位
30. AA015　每立方米(或者每千克)燃气按燃烧反应计量方程式完全燃烧所需的空气量是(　)。
　　(A)实际空气量　　　　　　　　　(B)理论空气量
　　(C)空气最小燃烧量　　　　　　　(D)空气最大燃烧量
31. AA016　干空气的体积组成为含氧(　)。
　　(A)21%　　　　(B)76.8%　　　(C)18.2%　　　(D)81.8%
32. AA016　干空气的质量组成为含氮(　)。
　　(A)23.2%　　　(B)81.8%　　　(C)18.2%　　　(D)76.8%

(二)多项选择题(每题四个选项,至少有两个是正确的,将正确的选项号填入括号内)

1. AA002　爆炸极限的影响因素包括(　　)。
   (A)初始温度　　(B)初始压力　　(C)惰性介质　　(D)氧含量
2. AA005　下列不能燃烧的气体包括(　　)。
   (A)一氧化碳　　(B)二氧化碳　　(C)水蒸气　　(D)氮气
3. AA007　充装可燃气体的容器的(　　)等对物质的爆炸极限均有影响。
   (A)位置　　(B)材质　　(C)重量　　(D)尺寸
4. AA012　燃烧稳定的表现包括(　　)。
   (A)火焰清晰　　(B)不发生回火　　(C)不发生脱火　　(D)不出现小火

(三)判断题(对的画"√",错的画"×")

(　)1. AA001　爆炸极限是指可燃气体与空气的混合物遇火源发生爆炸的可燃气体浓度(体积分数)范围。
(　)2. AA002　管道内天然气的压力越高,其爆炸极限上限越低。
(　)3. AA003　系统温度升高,可燃气体的爆炸危险性不变。
(　)4. AA004　混合物的爆炸极限上限会随含氧量的增加而提高。
(　)5. AA005　惰性气体因其性质稳定,在爆炸性混合物中加入惰性气体不影响其爆炸极限范围。
(　)6. AA006　爆炸极限上限与爆炸极限下限重合,此时对应的压力称为爆炸的重合压力。
(　)7. AA007　充装可燃气体容器的材质、尺寸等会影响可燃物质的爆炸极限。
(　)8. AA008　火花的能量、热表面的面积、火源与混合物的接触时间等对爆炸极限均有影响。
(　)9. AA009　通常将甲烷的爆炸极限视为天然气的爆炸极限,因此天然气的爆炸极限为15%~25%。
(　)10. AA010　可燃气体的热值分为高位热值和低位热值。
(　)11. AA011　根据爆炸极限判断,天然气比氢气更危险。
(　)12. AA012　燃气燃烧的稳定性是指燃气在燃烧过程中,火焰清晰,不发生回火、脱火及黄焰现象。
(　)13. AA013　燃气的燃烧速度指数是指燃烧稳定性的指数。
(　)14. AA014　由C、H等元素组成的气体燃料是可燃物质,在空气中氧的作用下,一遇明火即可进行燃烧。
(　)15. AA015　燃烧所需理论空气量,是指每立方米(标准状态下)或每千克燃气按燃烧反应计量方程式完全燃烧所需的空气量。
(　)16. AA016　如不考虑干空气中少量的二氧化碳和其他气体,则干空气的容积组成为含氧79%,含氮21%。

二、答案

(一)单项选择题

1. A	2. D	3. A	4. D	5. C	6. B	7. A	8. D	9. D	10. A	11. B
12. D	13. C	14. B	15. D	16. D	17. A	18. D	19. C	20. B	21. D	22. A
23. A	24. B	25. D	26. A	27. A	28. C	29. A	30. B	31. A	32. D	

(二) 多项选择题

1. ABCD   2. BCD   3. BD   4. ABC

(三) 判断题

1. √ 2. × 管道内天然气的压力越高,其爆炸极限上限越高。 3. × 系统温度升高,可燃气体的爆炸危险性增加。 4. √ 5. × 在爆炸性混合物中加入惰性气体,因为惰性气体浓度加大,可燃成分相对减少,故惰性气体含量稍微增加一点即产生很大影响而使爆炸极限上限大幅下降。 6. × 爆炸极限上限与爆炸极限下限重合,此时对应的压力称为爆炸的临界压力。 7. √ 8. √ 9. × 通常将甲烷的爆炸极限视为天然气的爆炸极限,因此天然气的爆炸极限为5%~15%。 10. √ 11. × 根据爆炸极限判断,氢气比天然气更危险。 12. √ 13. × 燃气的燃烧速度指数是指燃烧势。 14. √ 15. √ 16. × 如若不考虑干空气中少量的二氧化碳和其他气体,则干空气的体积组成为含氧21%,含氮79%。

第二章　压缩天然气加气站的工艺流程

第一节　压缩天然气母站的工艺流程

GAB001 母站工艺流程

从管道输送来的原料天然气进站后,先经进站气动阀,经调压装置调压;然后进入脱硫塔脱硫,硫含量控制在 $15mg/m^3$ 以下;出脱硫装置后进入脱水装置进行脱水处理,使天然气的露点达到规定指标(在交接点压力下,水露点应比输送条件下最低环境温度低5℃);出脱水装置进缓冲罐,再进入压缩机经多级压缩加压到25MPa;加压后的成品气经机体自带出口缓冲装置消除脉冲,再通过加气柱向子站拖车充气,当子站拖车加气压力达到20MPa时,加气柱自动关闭加气枪,其质量流量计自动记录加气量和加气压力。图2-1为典型CNG加气母站工艺流程图。

GAB007 母站天然气硫化氢含量标准

GAB008 天然气的脱水

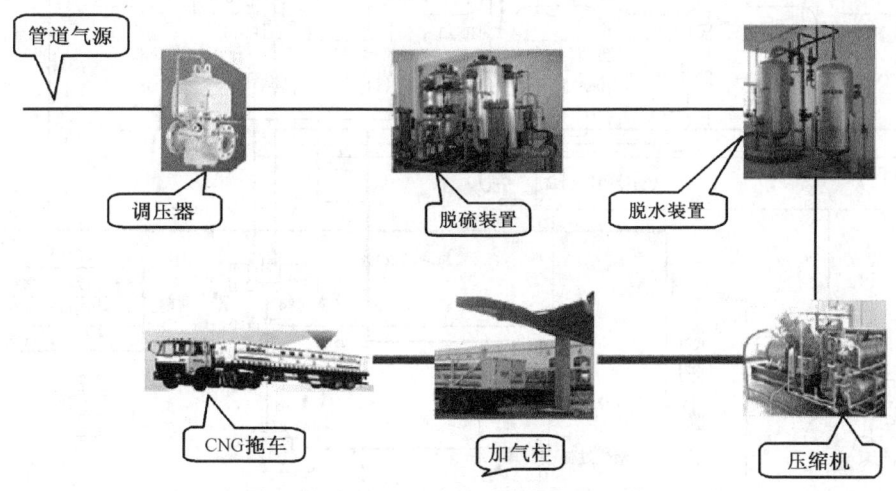

图2-1　典型CNG加气母站工艺流程图

第二节　压缩天然气子站的工艺流程

GAB002 液压子站工艺流程

一、液压子站工艺流程及构成

(一)工艺流程

液压子站管束车停到相应的停车位置后,分别连接液压油高压管路、压缩空气控制管路、CNG高压管路等。关闭放散阀门,打开相应的手动阀门,检查无误后即可开启液压系统,拖车开始给加气机供气。液压子站设备的运行由控制系统的PLC控制,PLC发出指令,对应的电磁阀、气动执行器、球阀便进行相应的动作,自动完成注油、回油以及相应高压气体阀门的启闭。

当加气系统开始工作时,首先第一个钢瓶上的液压油气动阀FQ1、出气阀

FQ11打开，1#换向阀打开；在高压油泵的作用下，液压油开始注入1#钢瓶，同时高压天然气被推出钢瓶，经缓冲罐到加气机。当大约95%的天然气被推出后，液位开关得到信号，经延时2s(可调)，换向阀换向，1#钢瓶出气阀FQ11关闭，1#钢瓶内液压油在剩余气体推动下，通过总回油阀回到油罐。同时2#钢瓶液压油气动阀FQ2打开，液压油进入2#钢瓶，2#钢瓶出气阀FQ12打开。自动控制系统使设备自动运行，继续加气过程。当1#钢瓶内的液压油全部返回到循环油储罐后，光电控制回路检测到信号，自动控制系统发出指令，总回液阀关闭，1#钢瓶液压油气动阀关闭，完成第1单元工作。设备运行时，由PLC程序控制实现8个钢瓶依次顺序工作，各单元回油后2～3min插入二次回油子程序。气动执行器根据PLC控制程序适时开启和关闭各钢瓶的液压油气动阀、出气阀，依次转换各工作钢瓶。液压子站工艺流程如图2-2所示。

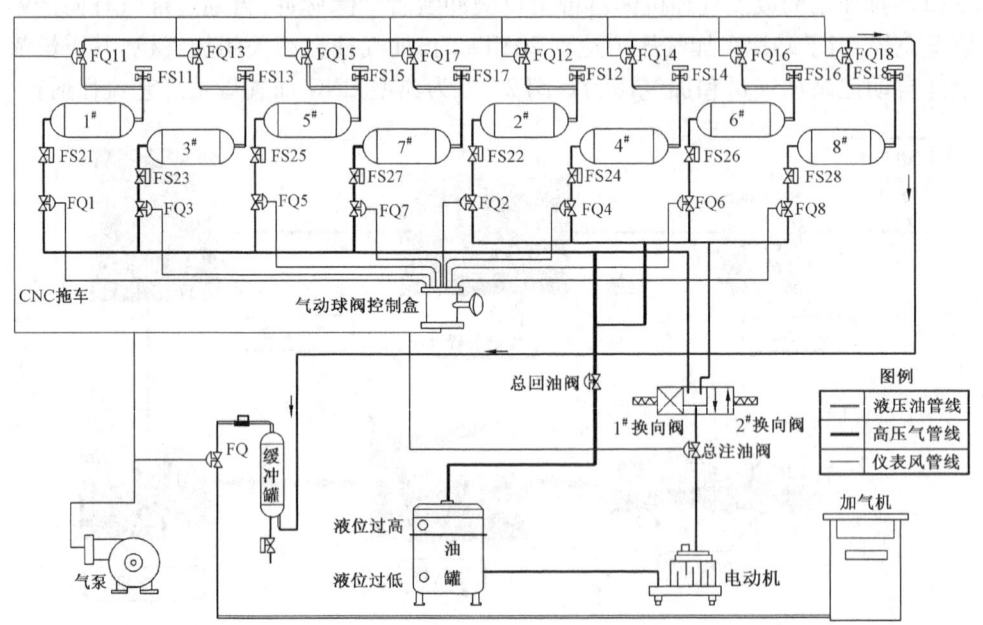

图2-2 液压子站工艺流程图

(二) 子站构成

液压子站组成主要为液压橇体，其运行系统包括动力照明系统、液压系统、气动系统、自动控制系统以及燃气报警系统。此处仅以液压橇体为例进行介绍。

1. 动力照明系统

该系统含液压节能型天然气汽车加气站橇体内隔爆型三相异步电动机(主电动机：功率30kW，1470r/min，380V，dⅡBT4)、防爆照明灯、空气压缩机用三相异步电动机，如图2-3所示。

2. 液压系统

液压系统由液体储罐、过滤器、高压油泵、注液控制阀、溢流阀、注回循环油管路系统、换向阀组、高压管件、回液电磁阀、压力表与子站拖车顶升装置等部件组成，如图2-4所示。

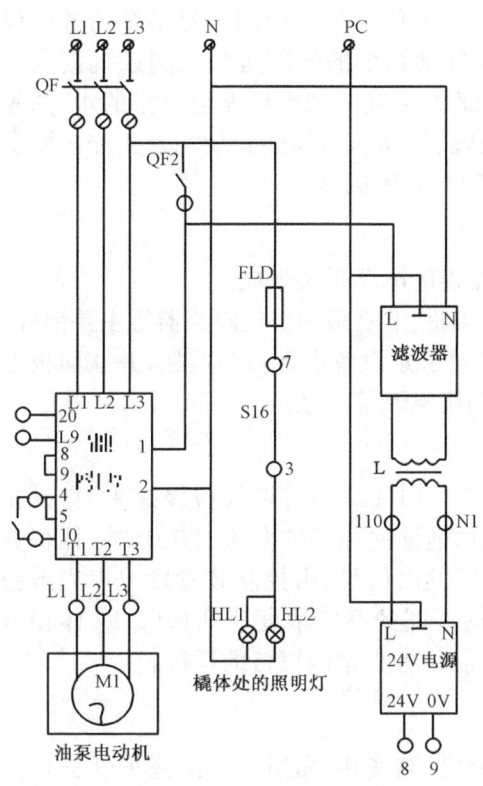

图 2-3 动力照明系统

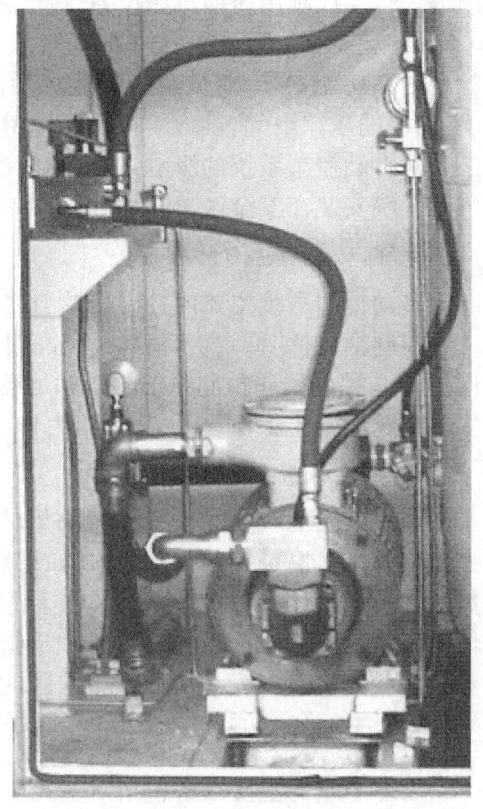

图 2-4 液压系统

(1)增压系统:含高压油泵、换向阀、高压管件等。

高压泵:型号为 HY12—60—2500/UK,设计工作压力为 40MPa。

高压管件:耐压为 31.5MPa。

换向阀:耐压为 31.5MPa。

(2)压力表量程为 0~40MPa,用于现场显示高压泵出口的压力。它通过一个针阀打开控制,则压力表显示当前压力;关闭针阀,打开泄压阀切断高压液体管路,同时把压力表之间管线内的压力介质泄压并部分回流到储罐中。

(3)回液电磁阀用于控制高压液体介质回流时的通断,达到保证系统稳定工作的目的。

(4)液体储罐含液位计、低压过滤器等。液位计由连通管、液位控制装置、高强树脂管组成,液位具有指示液位、传递液位信号至自动控制系统、控制液位等功能,其控制参数已在出厂时设定好,用户不能变动。寒冷季节使用液位计时,应采取保温措施。

(5)循环油液:在工作温度为 -40~50℃ 时保证系统正常工作。

(6)子站拖车顶升装置由举升油泵、单向阀、手动换向阀、顶升油缸以及快装油管等组成。

3. 气动系统

气动系统由小型压缩机、气源净化装置、吸附式干燥机、气管、气动执行器等组成。自动控制用压缩气源设备,排气量不小于 $0.1m^3/min$,排气压力为 $0.65\sim0.8MPa$。气体应是干燥、洁净的空气或惰性气体。气动阀门满足系统的各项设计要求和功能要求,而且反应准确灵敏。气动系统的作用是为控制系统提供干燥、洁净的压缩空气,供气动执行器使用,最大限度地减少压缩空气中的水、油等杂质对自动控制系统的影响,使系统电磁阀、气动执行器能长期稳定工作。要求气动系统安装在安全区,环境温度为 $5\sim50℃$ 的区域内。

GAB005 自动控制系统

4. 自动控制系统

自动控制系统主要由控制柜及与之相连的电路系统组成。

控制柜包括 PLC、软启动器、隔离栅、按钮、电磁阀和空气断路器等主要部件。通过 PLC 控制程序控制系统的自动运行,对子站设备进行自动监控,并在面板上实时显示设备的工作单元、工作压力、电动机电流等参数。

GAB006 燃气报警系统

5. 燃气报警系统

液压节能型天然气汽车加气站橇体内和加气站设有燃气报警探头,与设在控制室的燃气报警控制装置相连,如果橇内泄漏的燃气浓度达到 0.01%(体积分数),则燃气报警探头向燃气报警控制装置发出信号,由控制装置发出声光报警信号,提醒操作人员作相应处理;如果橇内泄漏的燃气浓度达到 0.02%(体积分数),则控制装置在发出声光报警信号的同时,停止站内设备的运行。

GAB003 压缩子站工艺流程

二、压缩子站工艺流程

压缩子站的主要设备包括活塞式压缩机、储气井(瓶组)、子站拖车以及 CNG 加气机。子站拖车可以为储气井(瓶组)补气,也可以直接为 CNG 加气机供气。

压缩天然气由子站拖车从 CNG 加气母站运至站内,与卸气柱连接后进入加气站压缩机进气系统。在压缩机进气口前压缩天然气分为三路,一路通过旁路管线直接接到三线 CNG 加气机的低压管路系统,如果有加气需求,压缩子站拖车将作为低压储气瓶组,首先给三线 CNG 加气机的低压管充气;一路连接到压缩机进口管路上,当高压 CNG 储气井(瓶组)低于 22MPa(可调)时,压缩机系统进入工作状态;另一路连接到中压 CNG 储气井(瓶组),可直接向中压 CNG 储气井(瓶组)补气。压缩子站工艺流程如图 2-5 所示。

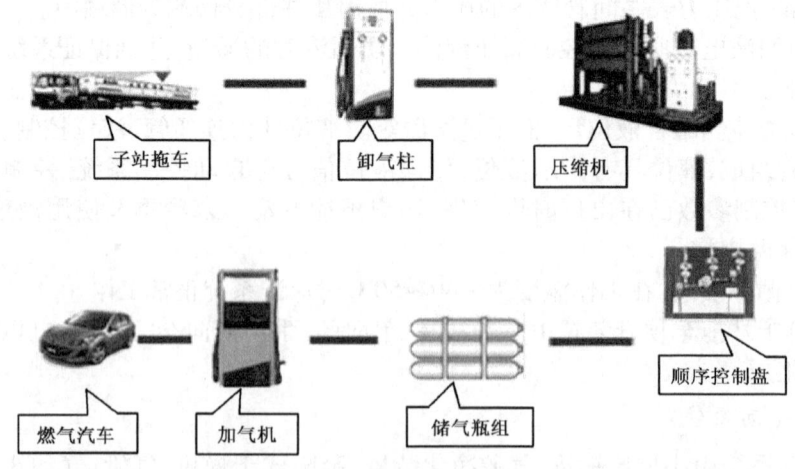

图 2-5 压缩子站工艺流程图

当子站拖车上的气体压力在 20~7.5MPa 之间时，拖车上的压缩天然气通过压缩机上的气动阀自动切换进入压缩机二级气缸，通过一级压缩到 25MPa，经压缩机上由 PLC 控制的优先顺序控制阀首先向高压 CNG 储气井（瓶组）充气，然后向中压 CNG 储气井（瓶组）充气，直到中高压储气井（瓶组）全部达到 25MPa 时停机。随着半挂拖车上的气体被不断抽出，气体压力也在不断下降，当半挂拖车上气体压力降到 7.5MPa 以下时，气体通过压缩机上的气动阀门自动进入压缩机一级缸，通过二级压缩到 25MPa 充入高压、中压 CNG 储气井（瓶组）；子站拖车上的气体压力低于 3MPa 时压缩机自动停机，子站拖车又重新返回 CNG 加气母站进行加气。

如果 CNG 储气井（瓶组）的压力不能满足 CNG 加气机的需求，此时智能化的优先控制系统将给 PLC 一个信号，启动压缩机，给 CNG 储气井补气到 25MPa。加压的顺序首先是高压储气井（瓶组），然后是中压储气井（瓶组）。当 CNG 储气井（瓶组）充满时，压缩机停机。

压缩子站的智能控制系统利用预设的优先控制程序，动态地控制整个加气站的加气过程，将压缩天然气通过 CNG 加气机直接给汽车加气，或者供给 CNG 储气井（瓶组）。CNG 加气机一般按子站拖车—中压 CNG 储气井（瓶组）—高压 CNG 储气井（瓶组）—压缩机的顺序取气。在紧急情况下，优先控制盘内的电磁阀将切断子站拖车、压缩机和 CNG 储气井（瓶组）的压缩天然气供应。

系统采用橇装式压缩机系统实现对气体的压缩，压缩机系统的可编程序控制器对整个系统进行信号采集、故障诊断、故障显示、优先顺序控制、顺序启动/停机等全过程管理。

在给天然气汽车加气时，按照子站拖车—中压 CNG 储气井（瓶组）—高压 CNG 储气井（瓶组）的顺序为车辆加气。

为了保证安全，防止发生事故，除自动控制中的压力保护外，压缩机各级均设有安全阀，一级、二级安全阀分别安装在相应的油水分离器上。当各级气压超过规定值时，安全阀将完全打开，排放的气体集中放空。

高级工练习题及答案

一、理论知识试题

(一) 单项选择题(每题四个选项,只有一个是正确的,将正确的选项号填入括号内)

1. AB001 从管道输送来的原料天然气进站后,先经进站( ),再经调压装置等系统。
   (A)气动阀　　　　(B)脱水塔　　　　(C)压缩机　　　　(D)脱硫塔

2. AB001 管输天然气出脱水装置进( ),再进入压缩机经多级压缩加压25MPa。
   (A)储气罐　　　　(B)冷却器　　　　(C)缓冲罐　　　　(D)分离器

3. AB002 液压子站设备的运行由控制系统的( )控制。
   (A)计算器　　　　(B)SCADA　　　　(C)CPU　　　　(D)PLC

4. AB002 在液压系统的增加系统中,高压油泵的设计工作压力为( )MPa。
   (A)10　　　　(B)20　　　　(C)30　　　　(D)40

5. AB003 压缩子站的主要设备包括( )压缩机、储气井、子站拖车以及CNG加气机。
   (A)离心式　　　　(B)活塞式　　　　(C)轴流式　　　　(D)柱塞式

6. AB003 压缩天然气由子站拖车从CNG加气母站运至站内,与( )连接后进入加气站压缩机进气系统。
   (A)加气机　　　　(B)卸气柱　　　　(C)加气柱　　　　(D)除尘设备

7. AB004 下列不属于液压系统组成部分的是( )。
   (A)高压泵　　　　(B)止回阀　　　　(C)溢流阀　　　　(D)液体储罐

8. AB004 液压系统中压力表量程为( )MPa。
   (A)0~20　　　　(B)0~30　　　　(C)0~40　　　　(D)0~50

9. AB005 不在自动控制系统面板上实时显示的参数是( )。
   (A)油箱液位　　　　　　　　(B)设备工作压力
   (C)设备工作单元　　　　　　(D)压缩机电动机电流

10. AB005 自动控制系统主要由( )及与之相连的电路系统组成。
    (A)安全系统　　　　(B)调节系统　　　　(C)显示器　　　　(D)控制柜

11. AB006 液压节能型天然气汽车加气站橇体内和加气站设有燃气报警探头,与设在控制室的( )相连。
    (A)消防装置　　　　　　　　(B)加热装置
    (C)燃气报警控制装置　　　　(D)防水装置

12. AB006 如果液压橇体内泄漏的燃气浓度达到( )(体积分数),则燃气报警探头向燃气报警控制装置发出信号。
    (A)0.1%　　　　(B)0.01%　　　　(C)0.0001%　　　　(D)0.00001%

13. AB007 从管道输送来的原料天然气进站,经过脱硫后,硫含量应控制在( )mg/m³以下。
    (A)10　　　　(B)11　　　　(C)14　　　　(D)15

14. AB007 压缩天然气中的硫含量主要靠( )进行脱出。

(A)脱水塔　　　　(B)脱硫塔　　　　(C)冷却器　　　　(D)凉水塔
15. AB008　压缩天然气出脱硫装置后进入(　)进行脱水处理。
(A)脱水塔　　　　(B)脱硫塔　　　　(C)冷却器　　　　(D)凉水塔
16. AB008　压缩天然气脱水后,露点应达到规定指标,即在交接点压力下,水露点应比输送条件下最低环境温度低(　)℃。
(A) -45　　　　(B) -50　　　　(C) 5　　　　(D) -60

(二)多项选择题(每题四个选项,至少有两个是正确的,将正确的选项号填入括号内)

1. AB001　压缩天然气母站流程的设备装置包括(　)。
(A)调压装置　　　(B)脱硫、脱水装置　(C)液压橇体装置　(D)压缩机
2. AB002　当液压子站管束车停到相应的停车位置后,应分别连接到(　)。
(A)液压油高压管路　　　　　　(B)压缩空气控制管路
(C)CNG 高压管路　　　　　　(D)压缩机控制管路
3. AB003　压缩子站的天然气压缩机充气对象包括(　)。
(A)天然气汽车　　　　　　　　(B)天然气拖车
(C)中压储气井(瓶组)　　　　　(D)高压储气井(瓶组)

(三)判断题(对的画"√",错的画"×")

(　)1. AB001　CNG 加气母站中加压后的成品气经机体自带出口缓冲装置消除脉冲,可直接向子站拖车充气。
(　)2. AB002　液压子站管束车停到相应的停车位置后,连接好相应管路,关闭放散阀门,打开相应的手动阀门,无需检查就可开启液压系统。
(　)3. AB003　在给天然气汽车加气时,按照子站拖车—中压 CNG 储气井(瓶组)—高压 CNG 储气井(瓶组)的顺序为车辆加气。
(　)4. AB004　液压系统中,循环油液在工作温度为 -40~100℃时应能保证系统正常工作。
(　)5. AB005　控制柜通过 PLC 控制程序控制系统的自动运行对子站设备进行自动监控。
(　)6. AB006　如果液压橇体内泄漏的燃气浓度达到 0.02%(体积分数),则控制装置在发出声光报警信号的同时,停止站内设备的运行。
(　)7. AB007　压缩天然气中硫含量控制在 $25mg/m^3$ 以下。
(　)8. AB008　天然气母站的工艺流程中不包含天然气脱水装置

二、技能操作试题

(一)AA004 安装旋进旋涡流量计

1. 考核要求

(1)必须穿戴劳保用品。
(2)必要的工具、用具准备齐全。
(3)掌握基本操作要领。
(4)按要求完成操作项目,质量符合技术要求。
(5)能够正确使用设备和工具、量具。
(6)操作程序符合安全文明生产规定。

2. 准备要求

(1) 设备准备。

序号	名称	规格	数量	备注
1	旋进旋涡流量计	TDS-20	1台	鉴定站准备
2	旋进旋涡流量计	TDS-32	1台	鉴定站准备
3	不同管径直管段		适量	鉴定站准备

(2) 材料准备。

序号	名称	规格	数量	备注
1	记录纸		1张	鉴定站准备
2	参数表		1张	鉴定站准备
3	验漏液		适量	鉴定站准备
4	"十字"螺丝刀		1套	鉴定站准备
5	扳手		1套	鉴定站准备
6	尖嘴钳		1把	鉴定站准备
7	碳素笔	黑色0.5mm	1支	鉴定站准备

(3) 工具、用具准备。

序号	名称	规格	数量	备注
1	防静电工服		1套	考生准备
2	防静电工鞋		1双	考生准备
3	线手套		1副	考生准备

3. 操作程序说明

(1) 准备工作。

(2) 检查管路状态。

(3) 放散。

(4) 安装侧面、下部螺钉。

(5) 加入密封垫片。

(6) 安装剩余螺钉。

(7) 打开上、下游阀门。

(8) 检测漏点。

4. 考核规定说明

(1) 如操作违章,将停止考核。

(2) 考核采用百分制,考核项目得分按鉴定比重进行折算。

(3) 考核方式说明:该项目为实际操作题,考核过程按评分标准及操作过程进行评分。

(4) 测试技能说明:本项目主要测试考生对安装旋进旋涡流量计操作掌握的熟练程度。

5. 考核时间

(1) 准备时间:5min(不计入考核时间)。

(2) 正式操作时间:25min。

(3)提前完成操作不加分,到时间停止操作考核。

6. 评分记录表

序号	考核内容	评分要素	配分	评分标准	检测结果	扣分	得分	备注
1	准备工作	正确穿戴防静电工服、防静电工鞋、手套	10	每缺一项扣3分,扣完为止				
2	检查管路状态	确认管路上、下游阀门处于关闭状态	5	未检查设备状态扣5分				
3	放散	缓慢放散,使压力表归零	10	放散速度过快扣5分;压力表未归零就停止放散扣5分				
4	安装侧面、下部螺钉	安装侧面、下部螺钉,一半数量以下	5	安装过多扣5分				
		调整位置,为密封垫片留下空间	10	位置不合适扣5分;安装密封垫片空间不够扣5分				
5	加入密封垫片	将密封垫片插入并对正位置	10	插入垫片不熟练扣5分;没有对正扣5分				
6	安装剩余螺钉	安装剩余螺钉,注意紧固力度	10	忘记安装扣5分;紧固力度过大扣5分				
		对角紧固所有螺钉	10	忘记紧固扣5分;没有对角紧固扣5分				
7	打开上、下游阀门	缓慢打开上、下游阀门	10	忘记开阀扣5分;打开阀门过快扣5分				
		注意开阀顺序:先开上游阀门,后开下游阀门	10	开阀顺序错误扣10分				
8	检测漏点	检测有无漏点	10	未检测扣5分;泄漏严重扣5分				
9	安全文明操作	按国家或企业颁发有关安全规定执行操作		每违反一项规定扣2分;严重违规取消考核				从总分中扣除
		语言文明,尊重考评员和工作人员		每违反一项扣2分				
		工完、料净、场地清;工具、设备清洁整齐		每违反一项扣2分				
10	考核时限	在规定时间内完成操作		到时间停止操作考核				
	合计		100					

(二) AB002 试运天然气压缩机

1. 考核要求

(1)必须穿戴劳保用品。

(2)必要的工具、用具准备齐全。

(3)掌握基本操作要领。

(4)按要求完成操作项目,质量符合技术要求。

(5)能够正确使用设备和工具、量具。

(6)操作程序符合安全文明生产规定。

2. 准备要求

(1)设备准备。

序号	名称	规格	数量	备注
1	天然气压缩机	M-3.2/10-250JX	1台	鉴定站准备

(2)材料准备。

序号	名称	规格	数量	备注
1	参数记录本	A4	1个	鉴定站准备
2	碳素笔	黑色0.5mm	1支	鉴定站准备

(3)工具、用具准备。

序号	名称	规格	数量	备注
1	防静电工服		1套	考生准备
2	防静电工鞋		1双	考生准备
3	线手套		1副	考生准备

3. 操作程序说明

(1)准备工作。

(2)消除静电。

(3)压缩机空负荷试运成功。

(4)打开仪表风进气阀。

(5)关闭级间排污阀。

(6)关小末级排污阀。

(7)置换天然气。

(8)启动压缩机。

(9)连续运转20min。

(10)检查系统状况。

4. 考核规定说明

(1)如操作违章,将停止考核。

(2)考核采用百分制,考核项目得分按鉴定比重进行折算。

(3)考核方式说明:该项目为实际操作题,考核过程按评分标准及操作过程进行评分。

(4)测试技能说明:本项目主要测试考生对试运天然气压缩机操作掌握的熟练程度。

5. 考核时间

(1)准备时间:5min(不计入考核时间)。

(2)正式操作时间:30min。

(3)提前完成操作不加分,到时间停止操作考核。

6. 评分记录表

序号	考核内容	评分要素	配分	评分标准	检测结果	扣分	得分	备注
1	准备工作	正确穿戴防静电工服,防静电工鞋,手套	10	每缺一项扣3分,扣完为止				
2	消除静电	触摸静电接地球	5	未触摸扣5分;未摘手套扣3分				
3	压缩机空负荷试运成功	确认压缩机空负荷试运成功	10	未确认扣10分				
4	打开仪表风进气阀	缓慢打开阀门,旋向应正确	10	未缓慢打开扣5分;阀门旋向错误扣5分				
5	关闭级间排污阀	关闭排污阀	10	未关闭扣10分				
		逆时针旋转先导阀旋钮90°,旋钮自动弹起	10	旋向错误扣5分;旋转角度过小,旋钮未自动弹起扣5分				
6	关小末级排污阀	应缓慢关闭阀门,旋向应正确	10	未缓慢关闭扣5分;阀门旋向错误扣5分				
7	置换天然气	从电磁先导阀处打开进气阀,充入一定量天然气;打开各级电磁先导阀排空各级气缸余气,重复3次	10	未置换天然气扣5分;未重复3次扣5分				
8	启动压缩机	在现场控制柜启动	5	未在现场启动扣5分				
9	连续运转20min	确保运行时间;记录运行时间	10	未确保运行时间扣5分;未记录运行时间扣5分				
10	检查系统状况	确认气管路无泄漏;各级排气温度低于150℃;记录各压力表、温度表等参数数值	10	未查漏扣5分;未记录参数数值扣5分				
11	安全文明操作	按国家或企业颁发有关安全规定执行操作		每违反一项规定扣2分;严重违规取消考核				从总分中扣除
		语言文明,尊重考评员和工作人员		每违反一项扣2分				
		工完、料净、场地清;工具、设备清洁卫生		每违反一项扣2分				
12	考核时限	在规定时间内完成操作		到时间停止操作考核				
		合计	100					

(三) AB004 试运加气站气动系统

1. 考核要求

(1)必须穿戴劳保用品。

(2)必要的工具、用具准备齐全。

(3)掌握基本操作要领。

(4)按要求完成操作项目,质量符合技术要求。

(5)能够正确使用设备和工具、量具。

(6)操作程序符合安全文明生产规定。

2. 准备要求

(1)设备准备。

序号	名称	规格	数量	备注
1	空气泵	SLAD-03WXF	1台	鉴定站准备

(2)材料准备。

序号	名称	规格	数量	备注
1	压力记录本	A4	1个	鉴定站准备
2	碳素笔	黑色0.5mm	1支	鉴定站准备

(3)工具、用具准备。

序号	名称	规格	数量	备注
1	防静电工服		1套	考生准备
2	防静电工鞋		1双	考生准备
3	线手套		1副	考生准备

3. 操作程序说明

(1)准备工作。

(2)打开PLC控制面板,关闭软启动开关。

(3)调节到手动状态。

(4)打开空气泵。

(5)关闭管束车前、后仓手动阀门。

(6)关闭总出气手动阀门。

(7)1#瓶手动回油。

(8)点击"取消"以结束回油。

(9)1#瓶排气回油。

(10)点击"取消"以结束回油。

4. 考核规定说明

(1)如操作违章,将停止考核。

(2)考核采用百分制,考核项目得分按鉴定比重进行折算。

(3)考核方式说明:该项目为实际操作题,考核过程按评分标准及操作过程进行评分。

(4)测试技能说明:本项目主要测试考生对试运加气站气动系统操作掌握的熟练程度。

5. 考核时限

(1)准备时间:5min(不计入考核时间)。

(2)正式操作时间:25min。

（3）提前完成操作不加分，到时间停止操作考核。

6. 评分记录表

序号	考核内容	评分要素	配分	评分标准	检测结果	扣分	得分	备注
1	准备工作	正确穿戴防静电工服，防静电工鞋，手套	10	每缺一项扣3分，扣完为止				
2	打开PLC控制面板，关闭软启动开关	准确找到并关闭软启动开关	10	找不到PLC控制面板扣5分；找不到软启动开关扣5分				
3	调节到手动状态	准确转换注油状态	10	找不到控制面板扣5分；状态调节错误扣5分				
4	打开空气泵	泵压力在0.4～0.75MPa之间	10	未检查压力扣5分；压力值读取错误扣5分				
		记录压力数值	10	未进行记录扣10分				
5	关闭管束车前、后仓手动阀门	按顺序关闭，旋向应正确	10	忘记关闭前仓扣5分；关闭前仓阀门旋向错误扣2分；忘记关闭后仓扣5分；关闭后仓阀门旋向错误扣2分				
6	关闭总出气手动阀门	关闭阀门旋向应正确	10	忘记关闭阀门扣5分；旋向错误扣2分；关闭不到位扣2分				
7	1#瓶手动回油	打开手动回油界面，点击"1#瓶"检查后仓气动阀是否打开	10	不会操作扣5分；未检查后仓气动阀扣5分				
8	结束回油	点击"取消"，结束回油	5	不会操作扣5分				
9	1#瓶排气回油	打开手动排气界面，点击"1#瓶"检查后仓气动阀是否打开	10	不会操作扣5分；未检查后仓气动阀扣5分				
10	结束回油	点击"取消"，结束回油	5	不会操作扣5分				
11	安全文明操作	按国家或企业颁发有关安全规定执行操作		每违反一项规定扣2分；严重违规取消考核				从总分中扣除
		语言文明，尊重考评员和工作人员		每违反一项扣2分				
		工完、料净、场地清；工具、设备清洁整齐		每违反一项扣2分				
12	考核时限	在规定时间内完成操作		到时间停止操作考核				
		合计	100					

(四) AB006 识读加气站工艺流程图

1. 考核要求
(1) 必须穿戴劳保用品。
(2) 必要的工具、用具准备齐全。
(3) 掌握基本操作要领。
(4) 按要求完成操作项目,质量符合技术要求。
(5) 能够正确使用设备和工具、量具。
(6) 操作程序符合安全文明生产规定。

2. 准备要求
(1) 材料准备。

序号	名称	规格	数量	备注
1	加气站工艺流程图;包含 CNG 常规站、CNG 加气母站、CNG 加气子站(压缩子站、液压子站)		各类图纸各1份	鉴定站准备
2	记录本		1个	鉴定站准备

(2) 材料准备。

序号	名称	规格	数量	备注
1	工作台(长条桌)	100mm×80mm	1套	鉴定站准备

(3) 工具、用具准备。

序号	名称	规格	数量	备注
1	防静电工服		1套	考生准备
2	防静电工鞋		1双	考生准备
3	线手套		1副	考生准备

3. 操作程序说明
(1) 准备工作。
(2) 熟悉流程图基础知识。
(3) 识读加气站生产工艺流程图。
(4) 清理现场。

4. 考核规定说明
(1) 如操作违章,将停止考核。
(2) 考核采用百分制,考核项目得分按鉴定比重进行折算。
(3) 考核方式说明:该项目为实际操作题,考核过程按评分标准及操作过程进行评分。
(4) 测试技能说明:本项目主要测试考生对识读加气站工艺流程图掌握的熟练程度。

5. 考核时限
(1) 准备时间:5min(不计入考核时间)。
(2) 正式操作时间:25min。

（3）提前完成操作不加分，到时间停止操作考核。

6. 评分记录表

序号	考核内容	评分要素	配分	评分标准	检测结果	扣分	得分	备注
1	准备工作	报告开始；劳保用品穿戴，工具、用具、材料准备	10	未报告开始扣2分；未按要求穿戴劳保用品扣3分；材料少选、错选一件扣5分，扣完为止				
2	熟悉流程图基础知识	识读标题栏，从标题栏了解流程图的名称、单位、图例	5	未能准确识读标题栏扣5分				
		识读流程图中设备的规格、型号、位置及作用	5	未能准确描述图中设备的规格、型号、位置及作用扣5分				
		识读工艺流程图中的设备，描述操作方法	5	准确描述图中设备的操作方法，描述错误每项扣5分				
		识读流程图中管线及介质走向	5	准确描述管线及介质走向，描述错误每项扣5分				
		识读加气站管线、设备、仪表的相互关系	5	准确描述管线、设备、仪表的相互关系，描述错误每项扣5分				
3	识读加气站生产工艺流程图	熟悉压缩天然气的生产流程及加气站各区域功能	10	流程描述错误扣10分				
		识读切换流程及操作规程	5	识读错误扣5分				
		准确指出安全阀位置	5	位置指出错误扣5分				
		准确描述加气工艺流程	10	描述错误扣10分				
		准确描述加气状态电磁阀工作状态	5	描述错误扣5分				
		准确描述电控部分工艺流程	10	描述错误扣10分				
		准确描述排污工艺流程	10	描述错误扣10分				
		准确描述加气状态低、中、高压转换工艺流程	10	描述错误扣10分				
4	清理现场	清理场地，收拾工具		未收、少收工具扣3分；场地不清洁扣5分				
5	安全文明操作	语言文明，尊重考评员及工作人员		每违反一项扣2分				从总分中扣除
		按国家或企业颁发有关安全规定执行操作		每违反一项规定扣5分；严重违规取消考核				
6	考核时限	在规定时间内完成操作		到时间停止操作考核				
	合计		100					

三、答案

(一) 单项选择题

1. A   2. C   3. D   4. D   5. B   6. B   7. B   8. C   9. A   10. D   11. C
12. B   13. D   14. B   15. A   16. C

(二) 多项选择题

1. ABD   2. ABC   3. ACD

(三) 判断题

1. ×　CNG加气母站中加压后的成品气经机体自带出口缓冲装置消除脉冲,再通过加气柱向子站拖车充气。　2. ×　液压子站管束车停到相应的停车位置后,连接好相应管路,关闭放散阀门,打开相应的手动阀门,检查无误后即可开启液压系统。　3. √　4. ×　液压系统中,循环油液在工作温度为-40~50℃时应能保证系统正常工作。　5. √　6. √　7. ×　压缩天然气中硫含量控制在15mg/m³以下。　8. ×　天然气母站的工艺流程中包含天然气脱水装置。

第三章 压缩天然气加气站常用设备及储气设施

第一节 加气站常用设备

压缩天然气(以下简称 CNG)加气站常用设备主要包括脱硫装置、脱水装置、天然气压缩装置、仪表风装置以及优先顺序控制系统等。

一、脱硫装置

(一)概述

脱硫装置通常称为脱硫塔,是 CNG 加气站保证压缩天然气质量的重要设备。按国家规范规定 CNG 加气站出站压缩天然气硫化氢含量应不高于 $15mg/m^3$,进站原料天然气超过这个标准的,都必须进行脱硫。

硫化氢不仅具有剧毒,而且腐蚀性极强,对加气站和天然气汽车都具有一定的危害。天然气中的硫化氢必须严格控制。脱硫装置主要有两个脱硫塔及其附属设备。双塔可同时工作,也可一塔生产,另一塔再生。脱硫剂一般采用以 Fe_2O_3 为活性剂的固体脱硫剂,即海绵铁法。

(二)结构原理

脱硫装置主要由脱硫塔组成,有的脱硫装置还配有风机和分离器等。固体脱硫塔由床层支撑板、顶部和底部的气体进口与出口管嘴、装料孔和卸料孔以及测试接口、排污口、压力计插孔等组成。在脱硫塔底部床层支撑板上应铺上一层网孔小于 $\phi 5mm$ 的不锈钢网,在丝网上铺一层厚 $80\sim100mm$、$\phi 20\sim30mm$ 的耐火瓷球,再铺两层网孔小于 $\phi 5mm$ 的不锈钢网。

GBA001 母站脱硫装置

图 3-1 为 DN1200mm 脱硫装置工艺流程图。

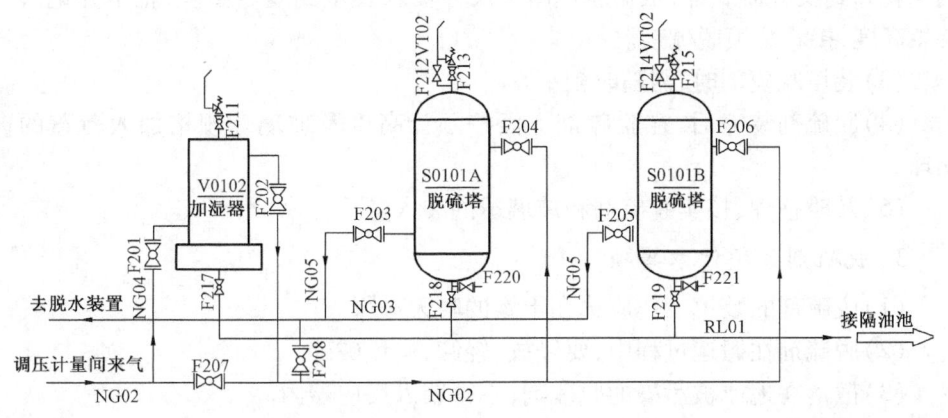

图 3-1 DN1200mm 脱硫装置工艺流程图

在脱出一定量的硫化氢后,脱硫剂将失效而需要再生或更换新的脱硫剂,因此,为了保证装置连续操作,脱硫装置一般需要两个脱硫塔。

(三)维护保养

GBB008 脱硫装置脱硫剂更换

脱硫塔的维护保养主要在于脱硫剂的更换,它不仅仅影响脱硫剂的装填量和装置的处理能力,更为主要的是如果在装填过程中脱硫剂床层疏密不均,容易造成物料走"短路"或偏流,使反应器内物料的温度分布不均,从而影响产品的质量和脱硫剂的寿命。

1. 脱硫剂装填前的准备工作

(1)打开人孔,在具备人身安全的条件下,操作人员下到反应器内,将筒体内壁清扫干净,并检查不锈钢丝网是否安装完好,严防物料走夹层短路。

(2)在反应器底部出口卸料孔上安装好覆盖的金属网,螺栓等部件必须固定好,卸料孔的出口盲板也必须安装完备。

(3)脱硫剂装填前,操作人员进入反应器,按设计装填高度画出各层玻璃球和脱硫剂装填的标记线,要求标记线四个方向等高。

(4)清理好脱硫剂装填现场,保持现场和反应器平台的清洁。

(5)按照装填图画好记录装填数据的表格。

GBB009 脱硫装置脱硫剂更换注意事项

(6)脱硫剂装填前,现场取样分析,并取出装填桶内产品合格证和杂物;如果发现脱硫剂中有冰块、石头、沙子与细粉,装填时必须过筛。

(7)联系吊车、起重工、铆工和化验工等配合人员。

(8)参加脱硫剂装填人员要分工明确,专职专责,避免造成混乱及发生事故。建议专人负责指挥脱硫剂的装填,并由专人负责脱硫剂的搬运、检查、装填床层的耙平、脱硫剂的过秤以及装填记录等。

2. 脱硫剂装填步骤

(1)在装脱硫剂前,再次检查并核实脱硫剂装填图中的尺寸要求。

(2)先用吊车把 $\phi 10mm$ 的玻璃球吊到反应器上层平台上,然后装入装填桶。用倒链把装填桶放到反应器内,距底部 0.3~0.5m 时,打开装填桶的卸出口,玻璃球就卸到反应器底部,根据装填图中尺寸要求装填到规定高度,耙平并记录好装填高度,接着装填脱硫剂。

GBB010 脱硫装置脱硫剂装填步骤

(3)装填脱硫剂时,需随时耙平。

(4)脱硫剂装完后,在脱硫剂上面按预计高度及玻璃球规格加入覆盖的玻璃球。

(5)及时整理、核实脱硫剂和玻璃球的装入量。

3. 脱硫剂装填注意事项

(1)脱硫剂的装填工作应选在干燥的晴天进行。

(2)脱硫剂在搬运过程中,要轻放、轻卸,避免破碎。

(3)散落在地或被污染的脱硫剂,不得装入反应器内。

(4)装填过程中,脱硫剂的自由落体高度要小于50cm。

(5)接触脱硫剂的工作人员必须穿好洁净的工作服,进入反应器的人员要扎紧袖口、裤口，清除衣袋中的杂物，以防掉入反应器内。

(6)装填速度要均匀，每装完一层后要耙平，四个方向达到标高后用水平尺测量达到水平，然后进行下一步装填，这一点必须严格执行。

(7)装填过程中，要控制脱硫剂的下放速度，不宜太快，以防脱硫剂破碎或分布不均而形成沟流通道。

(8)进入反应器的人员，必须站在预先准备好的木板上，禁止直接踩在脱硫剂床层上，以防踩碎脱硫剂和带进污染物。一次最多只允许两人同时进入反应器内，并且每人要系一条安全绳。反应器口要有两人专门负责监护。

GBB011 脱硫装置脱硫剂装填注意事项

(9)倒链要由专人控制，参加装填脱硫剂的人员不允许站在吊篮或装填桶的下方，以防发生意外。

(10)在装填脱硫剂时，不要把防护用具和装填工具遗忘在床层中。

(11)装填或更换脱硫剂时，必须佩戴橡胶手套和防尘面具。

二、天然气压缩装置

压缩机是加气站的核心部件，是母站及压缩加气子站的增压装置。CNG 加气母站压缩装置组成系统主要包括气体压缩系统、润滑油系统、循环水系统等。压缩系统是压缩装置的核心系统。

压缩机按压缩方式不同，可分为速度式和容积式。其中，速度式包括轴流式、离心式等；容积式包括往复活塞式、螺杆式、滑片式、隔膜式等。这里主要介绍压缩天然气场站使用的往复活塞式压缩机。

(一)概述

CNG 加气站通常使用的是具有曲柄连杆的往复活塞式压缩机，简称往复式压缩机或活塞式压缩机。活塞式压缩机主要用于一些流量不太大但压力相对较高的场合，这种压缩机对运行参数改变的适应能力较强，可较好地适应加气站频繁变化工作参数的要求。

(二)结构原理

活塞式压缩机的结构原理如图 3-2 所示，曲柄的旋转运动通过来回摆动的连杆转换成十字头的往复运动，用于实现气体压缩的活塞通过一根细长的活塞杆连接在十字头上，与十字头同步做往复运动。活塞同轴地安装在圆筒形气缸内，气缸的一端或两端设有端盖，相应的前部端盖和后部端盖称为缸盖和缸座。活塞、气缸、缸盖及缸座共同围合成的封闭空间就是用于进行气体压缩的工作腔，当活塞在十字头带动下做往复运动时，工作腔容积做周期性变化，即可实现气体的吸入、压缩和排出。气体进、出的工作腔控制部件称为气阀，控制进气的部件称为吸气阀，控制排气的部件则称为排气阀。活塞杆穿出气缸端盖的部位存在环形间隙，需要密封，该密封元件称为填料。活塞与气缸之间同样也存在环形间隙，导致活塞两端产生气体泄漏，对这一部位进行密封的元件称为活塞环。

GBA002 母站天然气压缩装置

(三)维护保养

1. 日常维护保养

(1)检查压缩机机身的油位，油位必须保证在视窗 1/2~2/3 处。

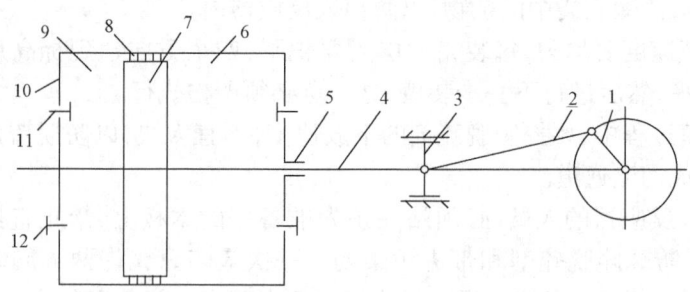

图 3-2 活塞式压缩机结构原理示意图
1—曲柄；2—连杆；3—十字头；4—活塞杆；5—填料；6,9—工作腔；
7—活塞；8—活塞环；10—气缸；11—吸气阀；12—排气阀

(2) 在启动压缩机之前,应检查各气、水阀门的关闭或开启情况,保证阀门处于开启状态才能开机。

(3) 检查机器振动是否正常。

GBB016 压缩机日常维护保养

(4) 按规定每小时应做好巡回检查。

(5) 新机运行 300h 后应更换机身油池内的润滑油,以保证润滑油洁净,待再运行 800h 后再次更换油池内的润滑油,之后则每 3000h 更换一次润滑油。润滑油必须是说明书中规定牌号的新油,不准使用再生油。

2. 每周维护保养

(1) 做好上述日常维护保养工作。

(2) 检查所有接头及阀门是否泄漏,若有泄漏,应及时处置。

GBB017 压缩机周维护保养

(3) 检查紧固件是否松动,若有松动,应停机泄压后予以紧固。

三、仪表风装置

CNG 加气站仪表风装置一般包括两台空气压缩机(一开一备),由主管路过滤器、干燥器、微油过滤器、储气罐组成。它的作用是为控制系统提供干燥、洁净的压缩空气,供气动执行器使用,使系统电磁阀、气动执行器能长期稳定地工作。

GBA003 母站仪表风装置

空气压力:0.4~0.8MPa;

排量:≥2.01m^3/min;

水露点:在交接点压力下,水露点应比输送条件下最低环境温度低 5℃;

含尘粒径:≤1μm;

含油:≤1mg/m^3。

需要压缩空气的机构有进站天然气气动切断阀、脱水装置、压缩机组以及液压子站拖车。

四、脱水装置

(一)概述

压缩天然气加气站脱水装置的作用就是有效吸附天然气中的水分,使天然气中的水分达到车用压缩天然气含水量的要求。

GBA004 母站脱水装置

CNG 加气母站通常采用低压脱水装置,低压吸附脱水是在压缩前将天然气中存在的水分脱除,给天然气压缩机提供较好品质的天然气。低压吸附脱水的优点有:

(1)可以延长压缩机气阀、活塞环、填料函等运动密封件的使用寿命。

(2)整个脱水系统压力等级较低。

(3)设计、制造、检验、运行、维护管理都较简便。

(4)一次性投资费用少。

GBA005 吸附法脱水的特点

(5)实际运行成本较低。

(二)结构原理

GAB009 脱水装置结构原理

低压脱水装置放置在压缩机一级入口之前,采用闭式回路进行循环再生。图3-3为LDN90-2.0/2.5A-N型脱水装置工艺流程图。原料天然气经过过滤器、气动球阀后进入分子筛干燥器吸附脱水,脱水的天然气再经过过滤器和在线露点分析仪,之后进入压缩机。

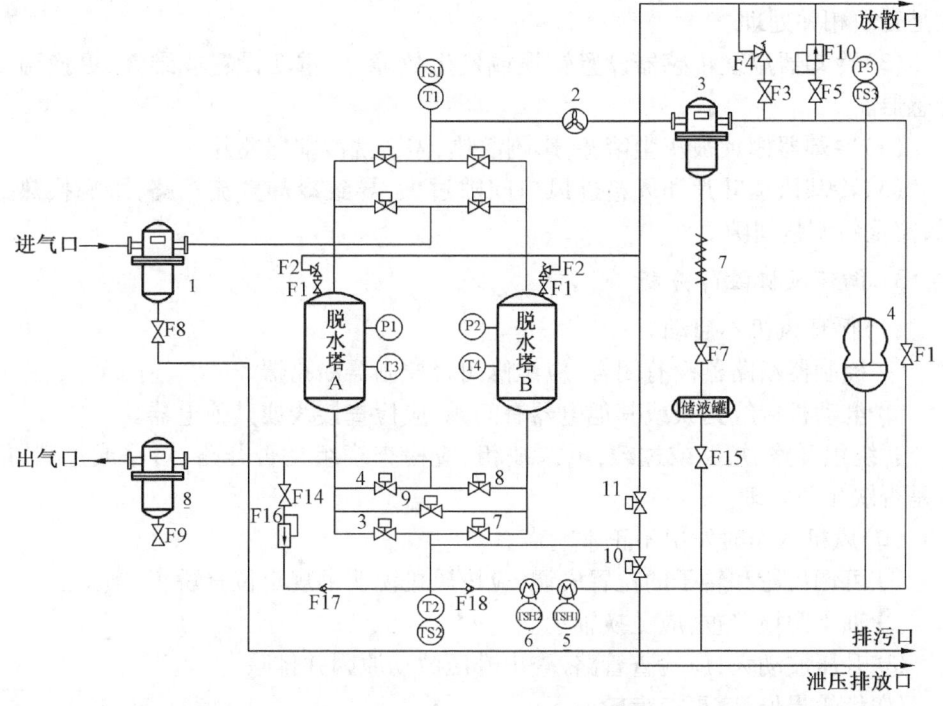

图3-3 LDN90-2.0/2.5A-N型脱水装置工艺流程图
1—前置过滤器;2—风冷器;3—分离器;4—循环风机;5—主加热器;
6—辅加热器;7—电热带;8—后置过滤器

脱水装置再生流程为循环风机将低压天然气输送到电炉加热,加热到指定温度后从与吸附过程介质流向相反的方向进入分子筛干燥器;携带着水蒸气的高温天然气从分子筛干燥器出来后,进入换热器进行热交换,之后进入分离器分离出液态水。再生气从分离器出来又进入风机入口,形成再生气的闭式循环,直到脱水剂再生合格,停电炉,继续进行再生气的循环冷吹。当吸附塔温度降为常温后,停风机,冷吹过程结束。

GBA006 吸附法脱水常用吸附剂

吸附脱水的常用吸附剂为4A分子筛,它的脱水深度取决于再生温度和压力,再生温度越高、压力越低,再生后的分子筛其脱水深度越高。天然气脱水后水露点应低于最高操作压力下当地最低环境温度5℃。

GBA007 分子筛的特性

(三)脱水装置常见故障分析

1. 加热器再生阶段温度过高或过低的故障分析

(1)加热器温度控制设定值设置错误,需重新设置。

(2)加热器温度传感器发生故障,需维修或更换。

(3)电加热元件发生故障,需要更换。

GBB018 脱水装置加热器故障分析

(4)加热器不启动,可能是循环风机不工作或控制器断路器没有闭合,保护装置起作用,或绕组开路、短路和过载,电源缺相,应针对不同原因进行检查处理。

2. 冷却器不启动或冷却效果差故障分析

(1)闭合控制器断路器没有闭合,应维修闭合控制器断路器。

(2)绕组开路、短路或过载,电源缺相,应检查绕组是否开路、短路或过载,电源是否缺相并处理。

(3)冷却器温度传感器设置错误或发生故障,应重新设置或维修、更换温度传感器。

GBB019 脱水装置冷却器故障分析

(4)冷却器翅片被灰尘堵塞,影响散热,需清洗冷却器翅片。

(5)冷却风扇叶片和风箱进风口间隙过大,导致冷却气流短路,影响换热效果,需重新调整间隙。

3. 循环风机故障分析

(1)循环风机不启动。

① 控制器断路器没有闭合,应维修闭合控制器断路器。

② 电动机接线错误或其他电器有问题,应检查接线或其他电器。

③绕组开路、短路或过载,电源缺相,应检查绕组是否开路、短路或过载,电源是否缺相并处理。

(2)风机工作时发出不正常响声。

① 可调齿轮和转子的位置失调,应按风机说明书规定位置矫正、锁紧。

② 轴承磨损严重,应更换轴承。

③ 升压波动大,应检查管路,查出升压波动原因并排除。

GBB020 脱水装置循环风机故障分析

④ 齿轮损伤,应更换齿轮。

(3)润滑油泄漏。

① 油位过高,应调整油标油位。

② 密封失效,应更换密封件。

(4)风机振动大。

① 基础不稳固,需加固、紧固。

② 电动机、风机对中性不好,应按风机说明书重新找正。

③ 轴承磨损,应更换轴承。

五、优先顺序控制系统

CNG 加气子站中,压缩子站的智能控制系统利用预设的优先控制程序动态地控制整个加气站的加气过程,将压缩天然气通过 CNG 加气机直接供给天然气汽车,或者供给 CNG 储气井(瓶组)。CNG 加气机一般按子站拖车—中压 CNG

储气井(瓶组)—高压 CNG 储气井(瓶组)—压缩机的顺序取气。在紧急情况下,优先控制盘内的电磁阀将切断子站拖车、压缩机和 CNG 储气井(瓶组)的压缩天然气供应。

优先顺序控制系统安装在压缩机橇体上,压缩机充气按照高压 CNG 储气井(瓶组)—中压 CNG 储气井(瓶组)—天然气汽车优先级顺序进行。

在给天然气汽车加气时,按照子站拖车—中压 CNG 储气井(瓶组)—高压 CNG 储气井(瓶组)—天然气压缩机优先级顺序为车辆加气。

优先顺序控制系统是安装在压缩机撬体上,压缩机充气按照以下优先级顺序进行:

A. 高压储气井(瓶组)
B. 中压储气井(瓶组)
C. 天然气汽车

GBA008 优先顺序控制阀的工作方式

在给天然气汽车加气时,按照以下优先级顺序进行:

A. 天然气子站拖车
B. 中压储气井(瓶组)
C. 高压储气井(瓶组)
D. 天然气压缩机

第二节　压缩天然气储气设施

天然气汽车及其各类加气站所使用的存储和运送天然气的容器称为储气设施。储气设施按用途可分为三种。第一种是在加气站用于给燃气车辆提供压缩气体的储气设施,称为站用储气设施,站用储气设施的额定工作压力为 25MPa。第二种是用于从母站装载高压天然气并运送至子站的储气设施,称为运输用储气设施或管束车(长管拖车)。拖车钢瓶是长期装载于拖车上的移动设备,额定工作压力为 20MPa,一般这种拖车钢瓶的单瓶容积为 2.25m^3,多瓶同时使用的总容积为 18~24.75m^3。第三种是装在天然气汽车上为发动机提供燃料的储气设施,称为车用储气设施,即车载储气瓶。一般车载储气瓶的单瓶容积为 50~90L,允许额定压力为 20MPa。

GAB010 储气设施的概念及分类

GAB014 车载储气瓶的概念

一、站用储气设施

早期的加气站是由压缩机直接给车辆加气的,加气站并不设储气设施。实践证明,适当地设置站用储气设施,可大大加快车辆的加气速度,降低压缩机开停机的频率,缩短压缩机的工作时间,节省电消耗。目前,站用储气设施主要有并联小气瓶储气库、无缝大容积储气瓶和储气井。站用储气设施的作用是在没有车辆加气时先由压缩机将其压力充至 25MPa 备用;有车辆加气时,先由储气设施为车辆加气,若储气设施加不满,则由压缩机补充,而当储气设施内的压力因给车辆加气而低于设定值后压缩机会再次开启为其加气。为提高储气设施内气体的利用率,站用储气设施一般按容积划分为 1~3 组,相应地称为低压组、中压组、高压组,当有车辆加气时,按由低到高的顺序由各组气瓶依次为车辆加气,这在保证加气速度的同时还可以减少气体充装过程的不可逆能量损失。常用的站

GAB009 站用储气设施的分类

用储气设施是储气井。

（一）并联小气瓶储气库

GAB011 并联小气瓶储气库的概念

并联小气瓶储气库是指将 60~200 个水容积为 50~80L 的小型高压气瓶并联在一起，以获得较大的容积，如图 3-4 所示。并联小气瓶储气库的优点是气瓶易于购买，价格较低；缺点有容易产生泄漏，维修保养困难等，目前在新建加气站中已很少采用。

图 3-4 并联小气瓶储气库

（二）无缝大容积储气瓶

GAB012 无缝大容积储气瓶的概念

近年来出现了单瓶水容积为 1300~1500L 专门用于压缩天然气加气站地面储气的无缝压力容器，即无缝大容积储气瓶，多数加气站只需设置 3~6 个即可满足要求。这种容器多是直接 3 个一组固定在一个支架上。容器上有排污口，便于排污。在无缝大容积储气瓶运行过程中，只需定期进行外观检查和测厚检查，不需拆除连接件进行其他检测，运行维护费用低；占用场地小，可露天放置。最常见的是将气瓶叠放，置于地面上卧式安装，如图 3-5 所示。也有将气瓶置于地面立式安装的，还有的挖一个地坑，将瓶组垂直安放在地坑内，地坑边缘设护栏，顶部设防雨棚。

图 3-5 卧式安装无缝大容积储气瓶实例

(三)储气井

对于储气井,应根据井深决定井筒和管箍接头的数量,其下封头置于井底,上封头上开有排污口和进、出气口,排污口下部吊了一根排污管通至井底,为了结构简化,有些储气井将进、出气口合二为一。储气井也有缺点,如耐压试验无法检测强度和密封性,制造缺陷也不能及时得以发现,排污不彻底,容易对套管造成压力腐蚀等,图3-6为一个储气井的结构示意图。

GAB013 储气井的概念

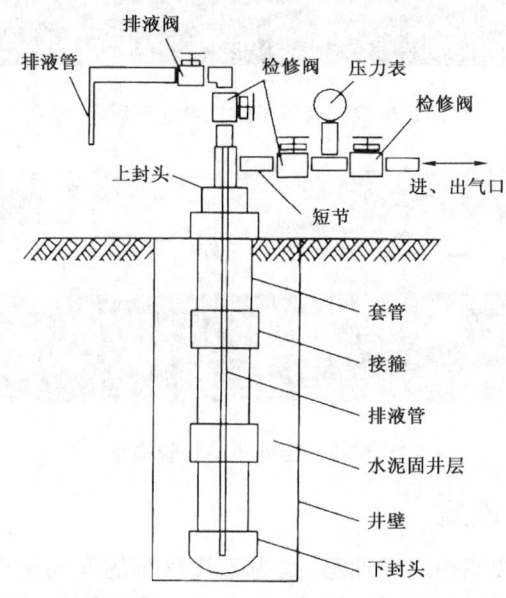

图3-6 储气井结构示意图

二、运输用储气设施

对于子母站的建设方式,需要将天然气从母站用车辆转运到子站,这种转运车辆统称为子站拖车(管束车)。运输用储气设施由储气瓶组、运输半挂拖车底盘和牵引车三部分组成,额定工作压力为20MPa。这种储气瓶的单瓶容积较大,通常8~13瓶同时使用,水容积为18~25.5m³左右,又称为长管拖车,视其使用子站类型又分为液压子站长管拖车和压缩子站长管拖车。

GBA010 运输用储气设施的组成及分类

(一)液压子站长管拖车

液压子站长管拖车工艺部分主要由储气瓶组、前仓管路阀件以及后仓管路阀件组成。前仓由气阀(瓶阀、气动球阀)、管路、爆破片等组成;后仓由油阀(瓶阀、气动球阀)、单注油管及接头、双注油管及接头、高压气管及接头、进出气快装接头与放散管路、放散阀等组成。以八瓶长管拖车为例,前仓共有8个气动球阀,控制8个储气瓶内的天然气进出;拖车后仓有8个气动球阀,用来控制储气瓶的注油和回油,如图3-7所示。

GBA011 液压子站长管拖车的介绍

(二)压缩子站长管拖车

压缩子站长管拖车系统由储气瓶组、瓶阀、主阀、端塞、管路、爆破片和导静电带等组成。以八瓶长管拖车为例,拖车后仓有8个瓶阀、8个排污阀和1个主阀,用于控制钢瓶内天然气的装卸及排污,如图3-8所示。

GBA012 压缩子站长管拖车的介绍

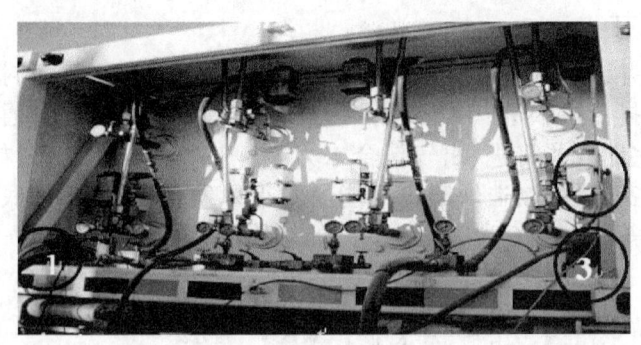

图 3-7 液压子站长管拖车后仓

图 3-8 压缩子站长管拖车

三、车用储气设施

车载储气瓶的功能相当于油箱,是为燃气汽车的发动机盛装燃料的,小型车辆一般单瓶使用,目前新设计的单一天然气燃料汽车开始使用双瓶,大型车辆可多瓶并用。

(一)车载储气瓶的种类

GBA013 车载储气瓶的分类

燃气车辆上使用较多的车载储气瓶从制造材料上可划分成两类:一类是钢质气瓶,也是最早使用的车载储气瓶;另一类是复合材料气瓶,是近年来新发展起来的一种气瓶。根据材料和制造工艺的不同,复合材料气瓶又分为金属内胆环向缠绕气瓶、金属内胆全缠绕气瓶及塑料内胆全缠绕气瓶三种。对于车载天然气气瓶,国际标准化组织于 2000 年 9 月正式颁布了《车用压缩天然气高压气瓶》(ISO 11439),该标准将车载储气瓶定义为表 3-1 的 CNG-1、CNG-2、CNG-3、CNG-4 四种类型。我国目前使用这一 ISO 标准,我国的复合材料气瓶生产技术水平位于世界前列。车用储气瓶如图 3-9 所示。

表 3-1 车用压缩天然气储气设施分类和比较

分类	钢质气瓶	复合材料气瓶		
型号	1 型	2 型	3 型	4 型
材料及工艺	金属气瓶	金属内胆环向缠绕气瓶	金属内胆全缠绕气瓶	塑料内胆全缠绕气瓶
ISO 11439 代号	CNG-1	CNG-2	CNG-3	CNG-4

分类	钢质气瓶	复合材料气瓶		
型号	1型	2型	3型	4型
优点	价格便宜	价格较便宜	有一定价格优势，外形尺寸变化较灵活	耐腐蚀性能好，外形尺寸变化灵活，安装性好
缺点	笨重，外形尺寸不易变化，耐腐蚀性能差	较重，外形尺寸变化比较困难，耐腐蚀性能差	耐腐蚀性能差，价格稍高	价格较高
适用范围	大型车辆	大型车辆	大、中型车辆	各种类型车辆

GBA016 车载储气瓶的适用范围

图3-9　车用储气瓶

钢质气瓶的安全系数很高，生产和检验的要求也很高，按照《汽车用压缩天然气钢瓶》(GB 17258—2011)的要求，瓶体材料一般选用优质铬钼钢，每件产品均需进行规定的水压试验、气密性试验及内外表面缺陷检验。钢质气瓶瓶口阀上还装有安全阀，其内装有100℃易熔合金和26MPa的爆破片，当气瓶内气体压力、温度上升超过上述数值时会自动泄压放气。我国目前生产的车用钢质气瓶的主要规格见表3-2。

GBA014 钢质气瓶的特点

GBA015 钢质气瓶的主要规格

表3-2　国产车用钢质气瓶的主要规格

水容积,L	外径,mm	高度,mm	质量,kg
40	229	1220	55
45	229	1355	60
50	229/235	1540/1450	65
60	267	1380	73
70	267	1570	85
75	267	1680	90

复合材料气瓶的关键在于缠绕的纤维材料和缠绕方法，目前使用的缠绕纤维有玻璃纤维、芳纶纤维、碳纤维等。玻璃纤维应用较多，碳纤维价格较高，在内胆缠绕纤维的过程中需要浸渍树脂。对使用钢质内胆的气瓶，即使加强缠绕层破坏，内胆本身也能承受20MPa的压力。国内生产的玻璃纤维浸渍环氧树脂缠绕复合材料气瓶，其爆破压力超过73MPa，使用寿命达10年，工作温度为-40~

GBA017 复合材料气瓶的特点

60℃,充装次数大于7500次,每小时渗气量不超过0.25mL。

GBA018 车载储气瓶的衡量指标

(二)车载储气瓶的衡量指标

对于车载储气瓶而言,有两个技术指标是使用者所关心的,一个是气瓶质量,另一个是气瓶体积。如果气瓶质量大,则车辆势必要增加更多的燃料消耗,而体积大则安装布置困难,尤其是对于小型车辆。美国气体研究学会将这两个指标分别量化成"每单位储存容积的质量(kg/L)"和"可用存储容积与整个外部容积的比值",用以定量评价和对比不同气瓶在这两方面的差别,前者有时简称为"容重比",后者简称为"容积效率"。表3-3是各类气瓶这两个指标的大致数据。

表3-3 各种车载储气瓶的技术指标

气瓶种类	第一类		第二类		第三类		第四类	
气瓶材料	钢瓶	铝瓶	钢/玻璃纤维	铝/玻璃纤维	铝/玻璃纤维	铝/碳纤维	碳纤维	碳纤维/玻璃纤维
容积效率,%	91	78	85	76	74	84	82	77
容重比	1.2~1.35	—	0.68~0.72				0.4	—

第三节 运输用储气设施的维护

CNG管束车在正常运行状态下承受高压载荷,行进过程中由于地面不平长时间颠簸,并接受充装、卸载等频繁的冲击,不可避免地出现一些松动和泄漏现象,日常的维护保养工作尤为重要,一旦发现异常情况,应及时进行处理,杜绝事故隐患,确保运行安全。

一、日常维护检验项目及处理方案

GBC002 管束车的日常维护保养

GBC001 管束车的日常检验

CNG管束车日常维护检验项目见表3-4。

表3-4 CNG管束车日常维护检验项目

序号	检查部位	检查内容	处理方案
1	瓶体油漆	是否有局部油漆剐蹭、脱落现象	补漆
2	瓶体位置	是否有转动现象	通知专业厂家修复
3	反光标识	是否有缺少	按照要求补齐
4	框架外观	是否有变形、裂纹	通知专业厂家修复
5	框架油漆	是否有局部油漆剐蹭、脱落现象	补漆
6	瓶口销钉	是否松动或缺少	补齐
7	腰带	螺栓是否有松动现象	紧固
8	后操作箱	相关螺纹连接部位是否有松动	紧固
9	前操作箱	相关螺纹连接部位是否有松动	紧固
10	前后箱	箱内零部件应保持干燥和干净	清洁,防止锈蚀
11	瓶口连接	是否有间隙、松动	更换法兰

GBC004 管束车安全附件检查部位及方法

CNG管束车日常维护保养的注意事项如下：

（1）如瓶式压力容器、压力表发生泄漏,爆破片处发生泄漏或破裂,应立即停止系统运行,关闭各手动球阀,打开放散阀,摘除快装接头与子站加气软管的连接,将拖车拖至安全通风无明火的开阔地带进行处理。

（2）如管件、快装接头、阀门、加气软管发生泄漏,应立即停止系统运行,关闭各手动球阀,放散油路和气路的压力,维修或者更换泄漏部件。

（3）如U形螺栓与管件间的胶管、垫片发生松脱、老化或遗失,应及时紧固、更换。

（4）严禁带压操作。

（5）快装接头的连接如不灵活,滤芯、油封影响装卸介质,应及时更换。

（6）加气软管如出现凹凸、破裂、褶皱及折痕,应及时更换。

（7）由于管束车在运输过程中的颠簸,会使钢瓶根部与球阀之间的活节连接产生松动,因此对该部位每周应进行一次检查。

（8）对钢瓶两端的端塞应每周检漏,出现漏气,应停止使用拖车,通知专业厂家维修。

二、安全附件检查项目及处理方案

CNG管束车的安全附件检查项目见表3-5。

表3-5　CNG管束车安全附件检查项目

序号	检查部位	检查方法	处理方案
1	前操作箱	查看是否漏气	紧固
2	后操作箱	查看是否漏气	紧固
3	压力表	是否失准	按规定校验
		是否在有效期内	按规定校验
4	温度计	是否失准	按规定校验
		是否在有效期内	按规定校验
5	管路阀门	是否出现变形、裂纹等	停止使用,通知专业厂家处置
6	瓶体	是否出现变形、裂纹等	停止使用,通知专业厂家处置
7	爆破片	是否有泄漏	紧固或更换
8	防水帽	是否丢失	补齐
9	导静电接地带	是否有破损,是否能够有效接地	加长或更换
10	灭火器	是否失压、失效、过期	送检、换药
11	支腿	是否变形、开不到位	修复或更换

GBC003 管束车的安全附件检查项目

三、CNG电子标签的概念及应用

压缩天然气中的湿硫化氢对金属有较强的腐蚀作用,被腐蚀的气瓶在充装时易发生爆炸和燃烧,而且气瓶的充装次数也会对气瓶的材质产生疲劳破坏影响。同时,气瓶具有流动性大、管理分散、使用危险性大等特点,加之部分气瓶使用者、CNG改装厂受利益驱使,漠视安全,私自使用、非法安装报废气瓶和过期气瓶,这会造成严重的安全隐患。电子标签就是为保障 CNG 汽车车载钢质气瓶的安全,促进 CNG 汽车产业持续健康发展而设计的。

(一)电子标签的概念

CNG 电子标签是一种带数据存储区,可通过无线射频技术对其进行读写的电子芯片。在经过处理的 CNG 气瓶上粘贴的电子身份证,具有防水、防尘和防转移的功能。一枚"电子标签",可以将车辆、气瓶和车主信息绑定在一起,记录 CNG 气瓶使用过程的全部信息。

(二)电子标签的作用

电子标签是气瓶使用的合法证,更是气瓶充装的"钥匙"。每次充装前,充装人员都要对电子标签进行扫描,判定标签里的信息是否合法,如是否非法改装,是否应检未检,是否到了充装限定次数。信息合法,售气机将自动开启,否则无法充装。系统针对下次检验时间及剩余充装次数的提示,能够有效保障驾乘人员的生命安全。

(三)电子标签的使用

加气操作人员利用手持扫描仪扫描电子标签后,手持扫描仪自动根据标签内的信息评定气瓶是否合格。如果气瓶合格,售气机将自动开启电磁阀进行售气;如果气瓶不合格,售气机将不进行售气。

(四)电子标签使用注意事项

(1)汽车加气时应主动配合加气工对电子标签进行扫描,以保证顺利充装。

(2)不要用其他物品挡住电子标签,以免妨碍加气人员的操作,造成不必要的耽误和麻烦。

(3)扫描一次,电子标签中记录的加气次数就会自动递减一次,所以不要向他人出借自己的电子标签,以免影响正常使用。

(4)防止尖锐物体撞击电子标签,破坏标签。

(5)电子标签应用防转移技术,遇外力强行撕下会自动失效。

四、CNG 汽车专用装置的安装要求

CNG 汽车专用装置的安装应考虑车辆承载件的强度,对强度较弱的安装部位应有加强措施,不允许采用导致车辆承载件强度和刚度降低的安装方法,不应将装置的部件作为承载件使用。

CNG 汽车专用装置安装后应保证:

(1)不降低车架强度、刚度,气瓶无变形、磨损,各部件应安装牢固,不应因振动、颠簸而出现松动、脱落等现象。

(2)CNG 系统无泄漏。

(3)各部件与排气管的距离不应小于75mm,距离在 75~200mm 之间时应设置固定牢固的隔热防护板。

(4)不影响车辆的通用性。

(5)系统中的压力计量仪表、气量显示仪表工作应准确可靠,阀门、管路等便于维修。

CNG汽车专用装置安装完成后,需对其进行试验,试验分为发泡液试验法、检测仪试验法与气密盒密封性试验法。

(1)发泡液试验法。

试验时应使用中性发泡液,将发泡液涂覆在整个被检测部位的表面上,观察至少1min,所检查的区域应无气泡产生。试验后,应将被检测部位的发泡液洗拭干净,以免对系统产生腐蚀。

(2)检测仪试验法。

应采用酒精度不低于±5%FS,报警点为$25mL/m^3$的防爆数字显示检测仪表,检测各接口的连接处应无法泄漏报警。检测前,应将被检测部位的残余油污或密封剂清除干净,避免因为探测器可对几种可燃气体产生反应(如油污或密封剂的蒸气)而导致其检测到的可能不是渗漏的天然气。检测应在无风环境中进行。

(3)气密盒密封性试验法。

将压缩空气通入被试件任一孔口,气体压力为0.01MPa,用涂液法检测,持续1min后,不得有气泡产生。

GBA025 CNG汽车专用装置试验方法

第四节 CNG加气站压力容器检验

CNG加气站的压力容器属于特种设备,对其定期检验可以有效地保证压力容器处于安全工作状态。

一、加气站压力容器定期检验规则

压力容器的定期检验是指特种设备检验机构按照一定的时间周期,在压力容器停机时,根据本规则的规定对在用压力容器的安全状况所进行的符合性验证活动。定期检验工作的一般程序包括检验方案制定、检验前的准备、检验实施、缺陷及问题处理、检验结果汇总与出具检验报告等。

压力容器一般于投用后3年内进行首次定期检验。以后的检验周期由检验机构根据压力容器的安全状况等级,按照以下要求确定:

GBA019 CNG加气站压力容器检验规则

(1)安全状况等级为1级、2级的,一般6年检验一次。

(2)安全状况等级为3级的,一般3年至6年检验一次。

(3)安全状况等级为4级的,监控使用,其检验周期由检验机构确定,累计监控使用时间不得超过3年。在监控使用期间,使用单位应采取有效的监控措施。

(4)安全状况等级为5级的,应对缺陷进行处理,否则不得继续使用。

定期检验过程中,长管拖车、管束式集装箱的拆卸和检验后的组装等检验辅助工作应由具备长管拖车气瓶或者管束式集装箱制造资质的单位进行。

二、加气站压力容器定期检验前的准备工作

压力容器定期检验前,检验机构应根据压力容器的使用情况、损伤模式及失效模式制定检验方案,检验方案由检验机构授权的技术负责人审查批准。对于有特殊情况的压力容器的检验方案,检验机构应当征询使用单位的意见。

定期检验前使用单位和检验辅助单位应做好以下准备工作：

GBA020 压力容器检验前的准备工作

(1)使用单位应将压力容器外表面有碍检验的杂物清除干净,并且将长管拖车、管束式集装箱及其相关技术档案资料一并送至检验地点。

(2)检验辅助单位在对长管拖车、管束式集装箱拆卸前,应根据介质的不同性质采取安全有效的方法将气瓶内的残气、残液排除,排放应符合国家和当地的环保要求,瓶内(可燃、有毒)气体检测结果必须达到有关规范、标准规定,方可进行拆卸。

(3)检验辅助单位应负责压力容器检验后的组装工作,并应对组装及维修质量负责。

三、加气站压力容器附件检验

CNG 加气站压力容器的附件主要包括气瓶端塞、管路和阀门、快装接头、安全附件等。

(一)气瓶端塞检验

(1)逐只检验端塞有无腐蚀、裂纹及机械接触损伤等。

(2)如果端塞上带有内伸式接管,应检验接管有无变形、裂纹、凹陷及堵塞等。

(二)管路及阀门检验

(1)检验金属管路有无变形、裂纹、凹陷、扭曲或者其他机械接触损伤,对管道焊缝部位进行表面检测。

(2)检验阀门是否存在腐蚀、变形、泄漏,开闭是否正常。

(3)逐只对阀门进行高压和低压密封试验,其中高压密封试验的试验压力为气瓶公称工作压力的 1.1 倍,低压密封试验的试验压力为 0.5~0.7MPa。

(4)对管路和管路上连接的阀门进行整体水压试验,试验压力为气瓶公称工作压力的 5/3 倍,保压时间不得少于 2min。

(三)快装接头检验

检验快装接头有无腐蚀、变形、裂纹和其他损坏,密封结构是否可靠。

(四)安全附件检验

GBA021 压力容器安全附件检验

(1)检验安全阀是否在有效期内。

(2)检验爆破片装置是否按期更换。

(3)检验压力表是否在检定有效期内(适用于有检定要求的压力表)。

高级工练习题及答案

一、理论知识试题

（一）单项选择题（每题四个选项，只有一个是正确的，将正确的选项号填入括号内）

1. AB009　放置在压缩机一级入口前的脱水设备称为（　）。
　　(A)低压脱水装置　　　　　　　　(B)高压脱水装置
　　(C)超高压脱水装置　　　　　　　(D)超低压脱水装置

2. AB009　原料天然气经过过滤器、气动球阀后，进入（　）进行吸附脱水。
　　(A)前置过滤器　　(B)后置过滤器　　(C)分子筛干燥器　　(D)加热器

3. AB010　站用储气设施的额定工作压力为（　）MPa。
　　(A)20　　　　　(B)25　　　　　(C)22　　　　　(D)19

4. AB010　天然气汽车及其各类加气站所使用的存储和运输天然气的容器称为（　）。
　　(A)储气设施　　(B)钢瓶　　(C)管束车　　(D)气罐

5. AB011　并联小气瓶储气库将大约（　）个水容积为50～80L的小型高压气瓶并联在一起。
　　(A)2～10　　　(B)10～50　　　(C)60～200　　　(D)300～400

6. AB011　并联小气瓶储气库中气瓶的水容积可能为（　）L。
　　(A)70　　　　　(B)20　　　　　(C)100　　　　　(D)200

7. AB012　以无缝大容积储气瓶组成的储气库可能会有（　）个高压气瓶。
　　(A)5　　　　　(B)7　　　　　(C)9　　　　　(D)50

8. AB012　无缝大容积储气瓶的水容积可能为（　）L。
　　(A)2000　　　(B)1800　　　(C)1600　　　(D)1400

9. AB013　储气井排污口下部设有（　）根排污管。
　　(A)2　　　　　(B)1　　　　　(C)3　　　　　(D)4

10. AB013　储气井也有缺点，如耐压试验无法检测强度和（　）。
　　(A)密度　　(B)温度　　(C)密封性　　(D)质量

11. AB014　车载储气瓶中的钢质气瓶除在气瓶口处装有瓶口阀外，还装有（　）。
　　(A)安全阀　　(B)温度控制阀　　(C)密封阀　　(D)流量计

12. AB014　一般车载储气瓶的单瓶容积为（　）L。
　　(A)20～30　　(B)40～60　　(C)50～90　　(D)80～130

13. AB015　CNG电子标签是一种带（　）存储区的电子芯片。
　　(A)数据　　(B)数字　　(C)文件　　(D)文字

14. AB015　CNG电子标签是通过（　）技术进行读写的电子芯片。
　　(A)有线射频　　(B)无线射频　　(C)高级射频　　(D)低级射频

15. BA001　按国家规范规定CNG加气站出站压缩天然气硫化氢含量应（　）mg/m³。
　　(A)≤10　　(B)≤15　　(C)≥10　　(D)≥15

16. BA001　在脱硫塔底部床层支撑板上应铺上一层网孔小于（　）mm的不锈钢网。
　　(A)φ2　　(B)φ3　　(C)φ4　　(D)φ5

17. BA002　压缩装置的核心系统是（　）。
　　　　　　（A）润滑油系统　　（B）循环水系统　　（C）压缩系统　　（D）仪表风系统
18. BA002　当压缩机活塞在十字头带动下做（　）时，工作腔容积做周期性变化，即可实现气体的吸入、压缩和排出。
　　　　　　（A）往复运动　　（B）直线运动　　（C）单摆运动　　（D）圆周运动
19. BA003　CNG加气站仪表风装置的空气压力范围是（　）MPa。
　　　　　　（A）0.4～0.80　　（B）0.2～0.60　　（C）0.4～0.70　　（D）0.3～0.50
20. BA003　CNG加气站仪表风装置一般包括（　）台空气压缩机。
　　　　　　（A）1　　（B）2　　（C）3　　（D）4
21. BA004　CNG加气母站通常采用（　）脱水装置。
　　　　　　（A）低压　　（B）高压　　（C）常压　　（D）超高压
22. BA004　加气站中通过（　）给天然气压缩机提供较好品质的天然气。
　　　　　　（A）仪表风系统　　（B）循环水系统　　（C）脱水装置　　（D）润滑油装置
23. BA005　低压吸附脱水可以延长（　）的使用寿命。
　　　　　　（A）压缩机气阀　　（B）水箱　　（C）脱硫塔　　（D）计量橇
24. BA005　CNG加气站脱水系统的压力等级（　）。
　　　　　　（A）较高　　（B）较低　　（C）很高　　（D）很低
25. BA006　脱水装置常用的吸附剂是（　）。
　　　　　　（A）4A分子筛　　（B）四氢噻吩　　（C）三氧化二铁　　（D）氧化铁
26. BA006　天然气进入换热器进行热交换后，之后进入（　）分离出液态水。
　　　　　　（A）风冷器　　（B）循环风机　　（C）过滤器　　（D）分离器
27. BA007　分子筛的脱水深度取决于再生（　）。
　　　　　　（A）温度和压力　　（B）温度和湿度　　（C）湿度和压力　　（D）湿度和干度
28. BA007　天然气脱水后水露点应低于最高操作压力下当地最低环境温度（　）℃。
　　　　　　（A）3　　（B）4　　（C）5　　（D）6
29. BA008　在紧急情况下，压缩子站优先控制盘内的（　）将切断子站拖车、压缩机和CNG储气井的压缩天然气供应。
　　　　　　（A）电磁阀　　（B）拉断阀　　（C）气动球阀　　（D）单向阀
30. BA008　压缩子站的优先顺序控制系统安装在（　）。
　　　　　　（A）加气机　　（B）卸气柱　　（C）控制柜　　（D）压缩机橇体
31. BA009　适当设置加气站用储气设施，可以降低压缩机的（　）。
　　　　　　（A）工作压力　　（B）功率　　（C）开停机频率　　（D）排气量
32. BA009　早期的加气站是由压缩机直接给车辆加气的，加气站并不设（　）。
　　　　　　（A）测漏设备　　（B）消防设施　　（C）储气设施　　（D）防撞栏
33. BA010　运输用储气设施由储气瓶组、运输半挂拖车底盘和（　）三部分组成。
　　　　　　（A）液压泵　　（B）空气泵　　（C）牵引车　　（D）压缩机
34. BA010　对于子母站的建设方式，需要将天然气从母站用车辆转运到子站，这种转运车辆统称为（　）。
　　　　　　（A）运输车　　（B）管束车　　（C）罐车　　（D）集装车
35. BA011　液压子站长管拖车系统不包括（　）。

(A)储气瓶组　　　(B)液力顶升泵　　　(C)前仓管路阀件　(D)后仓管路阀件

36. BA011　液压子站八瓶长管拖车后仓有( )个气动球阀,用来控制储气瓶的注油和回油。
    (A)1　　　　(B)2　　　　(C)8　　　　(D)12

37. BA012　压缩子站八瓶长管拖车后仓有( )个排污阀。
    (A)4　　　　(B)8　　　　(C)12　　　(D)16

38. BA012　压缩子站八瓶长管拖车后仓有( )个主阀。
    (A)1　　　　(B)0　　　　(C)2　　　　(D)3

39. BA013　车载储气瓶包括( )。
    (A)钢质气瓶和复合材料气瓶　　　(B)铝质气瓶和塑料气瓶
    (C)塑料气瓶和复合材料气瓶　　　(D)钢质气瓶和塑料气瓶

40. BA013　不属于复合材料气瓶种类的是( )。
    (A)金属内胆环向缠绕气瓶　　　(B)塑料内胆环向缠绕气瓶
    (C)金属内胆全缠绕气瓶　　　　(D)塑料内胆全缠绕气瓶

41. BA014　钢质车载气瓶瓶体材料一般选用( )。
    (A)不锈钢　　(B)碳钢　　(C)优质铬钼钢　　(D)无缝钢管

42. BA014　钢质气瓶瓶口阀上爆破片的耐压上限是( )MPa。
    (A)26　　　(B)20　　　(C)25　　　(D)27.5

43. BA015　钢质车用储气瓶的规格参数中不包括( )。
    (A)水容积　　(B)外径　　(C)高度　　(D)试压压力

44. BA015　属于车载钢质气瓶规格参数的是( )。
    (A)质量　　(B)充装压力　　(C)使用温度　　(D)充装次数

45. BA016　钢质气瓶适用于( )车辆。
    (A)大型　　(B)中型　　(C)小型　　(D)各种类型

46. BA016　下列气瓶中( )适用于各种类型车辆。
    (A)金属气瓶　　　　　　(B)金属内胆环向缠绕气瓶
    (C)塑料内胆全缠绕气瓶　　(D)金属内胆全缠绕气瓶

47. BA017　目前使用的复合材料气瓶,其爆破压力超过( )MPa。
    (A)73　　　(B)25　　　(C)20　　　(D)100

48. BA017　复合材料气瓶的使用寿命较长,可以使用( )年。
    (A)15　　　(B)10　　　(C)20　　　(D)8

49. BA018　对于车载储气瓶而言,有两个技术指标是使用者所关心的,一个是气瓶质量,另一个是( )。
    (A)充装压力　　(B)充装速度　　(C)气瓶体积　　(D)瓶体颜色

50. BA018　对于安装车载储气瓶的车辆而言,如( ),则车辆势必要增加更多的燃料消耗。
    (A)发动机功率小　(B)气瓶质量大　(C)储气量大　(D)瓶体材质老化

51. BA019　压力容器一般于投用后( )年内进行首次定期检验。
    (A)2　　　　(B)3　　　　(C)4　　　　(D)5

52. BA019　压力容器安全状况等级为( )级的,应对缺陷进行处理,否则不得继续使用。
    (A)2　　　　(B)3　　　　(C)4　　　　(D)5

53. BA020　检验前,检验机构应根据压力容器的使用情况、( )及失效模式制定检验方案。

(A)检验模式　　　(B)磨损情况　　　(C)损伤模式　　　(D)运转情况

54. BA020　在定期检验前,使用单位和检验辅助单位应做好的准备工作不包括( )。
(A)使用单位应将压力容器外表面有碍检验的杂物清除干净
(B)将长管拖车、管束式集装箱及其相关技术档案资料一并送至检验地点
(C)瓶内(可燃、有毒)气体检测结果必须达到有关规范、标准规定
(D)检验辅助单位不需要负责检验后的组装工作

55. BA021　管路及阀门高压密封试验的试验压力为气瓶公称工作压力的( )倍。
(A)1.1　　　(B)1.2　　　(C)1.3　　　(D)1.4

56. BA021　管路及阀门低压密封试验的试验压力为( )MPa。
(A)0.5~0.7　　(B)0.4~0.6　　(C)0.5~0.8　　(D)0.4~0.8

57. BA022　电子标签可以将( )信息绑定在一起。
(A)车辆、气瓶和车主信息　　　(B)车辆、气瓶和加气站信息
(C)车辆、车主信息和加气站信息　　(D)车辆、加气员信息和加气站信息

58. BA022　CNG电子标签能够鉴定的信息包括( )。
(A)车辆违章记录　(B)充装次数上限　(C)车辆罚款记录　(D)车辆行驶里程

59. BA023　加气操作人员利用( )扫描电子标签。
(A)手持扫描仪　(B)手持记录仪　(C)手持探测仪　(D)手持检录仪

60. BA023　扫描仪对电子标签扫描判定气瓶合格后,售气机将自动开启( )进行售气。
(A)进气阀　　　(B)电磁阀　　　(C)加气阀　　　(D)单向阀

61. BA024　CNG汽车专用装置安装后应保证各部件与排气管的距离不应小于( )mm。
(A)65　　　　(B)70　　　　(C)75　　　　(D)80

62. BA024　下列关于CNG汽车专用装置安装说法不正确的是( )。
(A)对强度较弱的安装部位应有加强措施
(B)不允许采用导致车辆承载件强度和刚度降低的安装方法
(C)可以将装置的部件作为承载件使用
(D)不降低车架强度、刚度,气瓶无变形、磨损

63. BA025　汽车专用装置安装完成后,需对其进行试验,其中需要用到酒精的方法是( )。
(A)发泡液试验法　　　(B)检测仪试验法
(C)气密盒密封性试验法　　(D)以上都是

64. BA025　在CNG汽车专用装置安装气密盒密封性试验法中,通入被试件孔口的压缩空气压力为( )MPa。
(A)0.01　　　(B)0.1　　　(C)1　　　(D)10

65. BB008　脱硫装置催化剂在装填过程中,如果催化剂床疏密不均,容易造成物料( )或偏流。
(A)减少　　　(B)增加　　　(C)短路　　　(D)泄漏

66. BB008　脱硫装置催化剂装填时,应严格按照装填( )进行。
(A)高度　　　(B)设计要求　　(C)重量　　　(D)大小

67. BB09　脱硫装置催化剂装填前,应先检查不锈钢丝网是否安装好,严防物料走夹层( )。
(A)迁移　　　(B)进水　　　(C)短路　　　(D)减少

68. BB09　脱硫装置催化剂装填前,现场取样分析,如果发现催化剂中有( ),装填时必须过筛。
　　(A)冰块　　　　(B)石头　　　　(C)沙子　　　　(D)以上都是

69. BB010　在装脱硫剂前,应再次检查并核实脱硫剂的( )。
　　(A)装填尺寸　　(B)出厂日期　　(C)有效日期　　(D)有效成分

70. BB010　在装脱硫剂前,先用吊车把 ϕ10mm 的玻璃球吊到反应器上层平台上,然后装入装填桶,用倒链把装填桶放到反应器内,距底部( )m时,打开装填桶的卸出口。
　　(A)0.1~0.3　　(B)0.2~0.4　　(C)0.3~0.5　　(D)0.4~0.6

71. BB011　脱硫剂的装填工作应选在( )进行。
　　(A)晴天　　　　(B)雨天　　　　(C)阴天　　　　(D)下雪天

72. BB011　装填或更换脱硫剂时,操作人员须佩戴橡胶手套和( )。
　　(A)工作鞋　　　(B)防尘面具　　(C)护目镜　　　(D)安全帽

73. BB016　检查压缩机机身的油位,油位必须保证在视窗( )。
　　(A)1/3~2/3　　(B)1/3~1/2　　(C)1/2~3/4　　(D)2/3~3/4

74. BB016　新压缩机运行300h后应更换机身油池内的( )。
　　(A)液压油　　　(B)黄油　　　　(C)润滑油　　　(D)锂基脂油

75. BB017　应检查压缩机紧固件是否松动,若有松动,应停机泄压后予以紧固,这属于( )维护保养。
　　(A)每日　　　　(B)每周　　　　(C)每月　　　　(D)每年

76. BB017　应检查压缩机所有接头及阀门是否泄漏,若有泄漏,应及时处置,这属于( )维护保养。
　　(A)每日　　　　(B)每周　　　　(C)每月　　　　(D)每年

77. BB018　关于脱水装置加热器故障的原因分析错误的是( )。
　　(A)加热器温度控制设定值设置错误　　(B)控制器断路没有闭合
　　(C)加热器不启动　　　　　　　　　　(D)加热器温度传感器发生故障

78. BB018　脱水装置电加热元件发生故障,将导致( )。
　　(A)冷却器故障　(B)循环风机故障　(C)加热器故障　(D)风机振动大

79. BB019　脱水装置控制器断路器没有闭合,将导致( )。
　　(A)进口压力过高　(B)进口压力过低　(C)冷却器不启动　(D)再生温度过高

80. BB019　脱水装置冷却风扇叶片和风箱进风口间隙过大,会导致( )。
　　(A)冷却气流短路　(B)进口压力过高　(C)进口压力过低　(D)燃烧

81. BB020　脱水装置风机油位过高,会造成( )。
　　(A)润滑油泄漏　(B)进口压力过高　(C)进口压力过低　(D)风机异响

82. BB020　脱水装置风机电动机接线错误,会导致( )。
　　(A)润滑油泄漏　(B)风机不启动　　(C)进口压力过低　(D)进口压力过高

83. BC001　CNG管束车的日常检验项目不包括( )。
　　(A)瓶体油漆　(B)电磁阀　　(C)瓶口连接　(D)瓶口销钉

84. BC001　进行CNG管束车的日常检查时,发现框架出现局部油漆剐蹭脱落现象,应采取( )措施。
　　(A)补漆　　　(B)紧固　　　(C)更换法兰　(D)清洁

85. BC002　对管束车钢瓶两端的端塞应(　)检漏,出现漏气要停止使用拖车,通知专业厂家维修。
　　　　(A)每天　　　　(B)每月　　　　(C)每季度　　　(D)每周

86. BC002　快装接头的连接如不灵活,滤芯、油封影响装卸介质,应及时(　)。
　　　　(A)紧固　　　　(B)更换　　　　(C)松动　　　　(D)调整

87. BC003　对管束车上的压力表按规定要定期进行(　)。
　　　　(A)更换　　　　(B)校验　　　　(C)紧固　　　　(D)清洁

88. BC003　如管束车的管路阀门出现变形或裂纹,则应(　)。
　　　　(A)停止使用,通知专业厂家处置　　(B)清理
　　　　(C)紧固　　　　　　　　　　　　　(D)调整

89. BC004　如果在对管束车爆破片检查时发现存在泄漏,应(　)爆破片。
　　　　(A)紧固或更换　(B)按规定检验　(C)继续使用　　(D)清洗

90. BC004　下面关于管束车安全附件检查部位及方法不对应的是(　)。
　　　　(A)若前操作箱漏气,应紧固处理
　　　　(B)若管道阀门出现变形、裂纹等,应停止使用并通知专业厂家维修
　　　　(C)压力表失准,应按规定校验
　　　　(D)支腿变形,可以继续使用

(二)多项选择题(每题四个选项,至少有两个是正确的,将正确的选项号填入括号内)

1. AB010　储气设施可分为(　)。
　　　(A)站用储气设施　(B)运输用储气设施　(C)高压储气设施　(D)车用储气设施

2. AB013　在储气井的结构组成示意图中可以找到的部件是(　)。
　　　(A)压力表　　　(B)检修阀　　　(C)排液阀　　　(D)进气接管

3. BA001　关于加气站脱硫装置说法正确的是(　)。
　　　(A)脱硫装置通常称为脱硫塔
　　　(B)脱硫装置主要有两个脱硫塔及其附属设备
　　　(C)脱硫剂失效需要再生或更换新的脱硫剂
　　　(D)所有的加气站一般都不需要脱硫装置

4. BA003　CNG加气站仪表风装置组成主要包括(　)。
　　　(A)干燥器　　　(B)微油过滤器　(C)活塞环　　　(D)填料函

5. BA003　压缩子站的优先顺序控制系统中压缩机充气的对象包括(　)。
　　　(A)高压储气瓶组　(B)中压储气瓶组　(C)低压储气瓶组　(D)天然气汽车

6. BA009　站用储气设施主要有(　)。
　　　(A)无缝大容积储气瓶　　　　(B)管道储气库
　　　(C)并联小气瓶储气库　　　　(D)储气井

7. BA010　运输用储气设施的组成部分包括(　)。
　　　(A)无缝大容积储气瓶　　　　(B)储气瓶组
　　　(C)运输半挂拖车底盘　　　　(D)牵引车

8. BA013　根据制造工艺不同,复合材料气瓶可分为(　)。
　　　(A)金属内胆环向缠绕气瓶　　(B)金属内胆全缠绕气瓶
　　　(C)塑料内胆全缠绕气瓶　　　(D)金属内胆缠绕气瓶

9. BA014　钢质气瓶的缺点包括(　　)。
　　　　　(A)价格较高　　　　　　　　　(B)耐腐蚀性能差
　　　　　(C)外形尺寸容易变化　　　　　(D)笨重
10. BA019　关于压力容器定期检验说法正确的是(　　)。
　　　　　(A)安全状况等级为1级、2级的,一般6年检验一次
　　　　　(B)安全状况等级为3级的,一般3~6年检验一次
　　　　　(C)安全状况等级为1级、2级的,一般5年检验一次
　　　　　(D)安全状况等级为3级的,一般3~5年检验一次
11. BA021　CNG加气站压力容器的安全附件主要包括(　　)。
　　　　　(A)管路和阀门　　(B)快装接头　　(C)气瓶端塞　　(D)安全附件
12. BC002　关于CNG管束车日常维护保养说法正确的是(　　)。
　　　　　(A)快装接头的连接如不灵活、滤芯、油封影响装卸介质,应及时更换
　　　　　(B)如管件、快装接头、阀门、高压软管发生泄漏,应立即停止系统运行
　　　　　(C)如瓶式压力容器、压力表发生泄漏、爆破片处发生泄漏或破裂,应立即停止系统运行
　　　　　(D)对钢瓶两端的端塞应每周检漏,出现漏气,应停止使用拖车

(三)判断题(对的画"√",错的画"×")

(　)1. AB009　天然气脱水装置结构中不包括循环风机。
(　)2. AB010　加气站用于给燃气车辆提供压缩天然气的储气设施,称为站用储气设施。
(　)3. AB011　并联小气瓶储气库的优点是气瓶不易购买,价格较高。
(　)4. AB012　在无缝大容积储气瓶运行过程中,只需定期进行外观检查和测厚检查,不需拆除连接件进行其他检测,运行维护费用低。
(　)5. AB013　储气井根据井深决定井筒和管箍接头的数量。
(　)6. AB014　钢质气瓶的安全系数很高,生产和检验的要求也很高。
(　)7. AB015　电子标签只能够记录CNG气瓶一个季度内使用过程的信息。
(　)8. BA001　脱硫装置主要由脱硫塔组成,有的脱硫装置还配有风机和分离器等。
(　)9. BA002　CNG加气站通常使用的是具有曲柄连杆的往复活塞式压缩机。
(　)10. BA003　脱水装置不需要气动装置提供压缩空气。
(　)11. BA004　低压吸附脱水是在压缩前将天然气中存在的水分脱除。
(　)12. BA005　脱水装置一次性投资费用少,实际运行成本高。
(　)13. BA006　当脱水吸附塔温度降为常温后,停风机,冷吹过程结束。
(　)14. BA007　再生温度越高、压力越低,再生后的分子筛其脱水深度越高。
(　)15. BA008　在给天然气汽车加气时,按照子站拖车—中压CNG储气井(瓶组)—高压CNG储气井(瓶组)—天然气压缩机优先级顺序为车辆加气。
(　)16. BA009　站用储气设施的作用是在没有车辆加气时先由压缩机将其压力充至25MPa备用。
(　)17. BA010　长管拖车视其使用子站类型又分为液压子站长管拖车和压缩子站长管拖车。
(　)18. BA011　液压子站长管拖车前仓由气阀、管路、爆破片等组成。
(　)19. BA012　压缩子站长管拖车系统是由储气瓶组、瓶阀、主阀、端塞、管路、爆破片和导静电带等组成。

（　）20. BA013　复合材料气瓶是最早使用的车载储气瓶。
（　）21. BA014　钢质气瓶的安全系数很高,生产和检验的要求也低。
（　）22. BA015　对于车载钢质气瓶,水容积越大,则充装压力越高。
（　）23. BA016　金属内胆全缠绕气瓶适用于大、中型车辆。
（　）24. BA017　使用钢质内胆的复合材料气瓶,即使加强缠绕层破坏,内胆本身也能承受 20MPa 的压力。
（　）25. BA018　车载储气瓶体积大,则安装布置简单。
（　）26. BA019　CNG 加气站压力容器定期检验过程中,长管拖车、管束式集装箱的拆卸和检验后的组装等检验辅助工作应由具备长管拖车的气瓶或者管束式集装箱制造资质的单位进行。
（　）27. BA020　检验辅助单位在压力容器检验后要对其组装的设备质量负责。
（　）28. BA021　在 CNG 加气站压力容器附件检验中,应检验金属管路有无变形、裂纹、凹陷、扭曲或者其他机械接触损伤,对管道焊缝部位进行内部探伤。
（　）29. BA022　每次充装前,充装人员都要对电子标签进行扫描,判定标签里的信息是否合法。
（　）30. BC023　汽车加气时应主动配合加气工对电子标签进行扫描,以保证顺利充装。
（　）31. BA024　CNG 汽车专用装置的安装应考虑车辆承载件的强度。
（　）32. BA025　发泡液试验后,应将被检测部位的发泡液洗拭干净,以免对系统产生腐蚀。
（　）33. BB008　脱硫塔反应器内物料的温度分布不均会影响产品的质量和脱硫剂的寿命。
（　）34. BB009　脱硫剂装填前,参加装填脱硫剂人员要分工明确,专职专责,避免造成混乱及发生事故。
（　）35. BB010　装填脱硫剂时,需随时耙平。
（　）36. BB011　装填或更换脱硫剂时,一次性可允许 3 人同时进入反应器内操作。
（　）37. BB016　在启动压缩机之前,应检查各气、水阀门的关闭或开启情况,保证阀门处于开启状态,才能开机。
（　）38. BB017　压缩机维护应按规定每小时做好巡回检查。
（　）39. BB018　脱水装置加热器温度传感器发生故障,必须马上维修或更换。
（　）40. BB019　脱水装置冷却风扇叶片和风箱进风口间隙过大,应清洗冷却风扇叶片和风箱进风口。
（　）41. BB020　脱水装置风机电动机对中性不好,不需重新找正。
（　）42. BC001　在 CNG 管束车进行日常检查时,发现瓶口连接处有间隙、松动,应更换法兰。
（　）43. BC002　如 CNG 管束车的 U 形螺栓与管件间的胶管、垫片发生松脱、老化或遗失,应及时进行紧固、更换。
（　）44. BC003　管束车的导静电接地带出现破损时,要停止使用管束车,通知专业厂家处置。
（　）45. BC004　管束车安全附件中的温度表失准,需要按规定校验或更换。

二、技能操作试题

（一）AB005 储气井排污

1. 考核要求

（1）必须穿戴劳保用品。

(2)必要的工具、用具准备齐全。

(3)掌握基本操作要领。

(4)按要求完成操作项目,质量符合技术要求。

(5)能够正确使用设备和工具、量具。

(6)操作程序符合安全文明生产规定。

2. 准备要求

(1)设备准备。

序号	名称	规格	数量	备注
1	储气井	8m³	1个	鉴定站准备

(2)材料准备。

序号	名称	规格	数量	备注
1	棉纱		适量	鉴定站准备
2	塑料桶	18L	1个	鉴定站准备

(3)工具、用具准备。

序号	名称	规格	数量	备注
1	防静电工服		1套	考生准备
2	防静电工鞋		1双	考生准备
3	线手套		1副	考生准备

3. 操作程序说明

(1)准备工作。

(2)检查压缩机状态。

(3)打开排污罐的排污阀。

(4)打开储气井的排污阀。

(5)打开针阀。

(6)关闭排污阀。

(7)关闭针阀。

(8)清理现场。

4. 考核规定说明

(1)如操作违章,将停止考核。

(2)考核采用百分制,考核项目得分按鉴定比重进行折算。

(3)考核方式说明:该项目为实际操作题,考核过程按评分标准及操作过程进行评分。

(4)测试技能说明:本项目主要测试考生对储气井排污操作掌握的熟练程度。

5. 考核时限

(1)准备时间:5min(不计入考核时间)。

(2)正式操作时间:15min。

(3)提前完成操作不加分,到时间停止操作考核。

6. 评分记录表

序号	考核内容	评分要素	配分	评分标准	检测结果	扣分	得分	备注
1	准备工作	选择工具、用具、材料；劳保用品穿戴齐全	5	少选、错选一件扣1分；劳保用品穿戴不齐全扣5分				
2	检查压缩机状态	储气井排污可在压缩机运转情况下进行	10	未检查压缩机状态扣10分				
3	打开排污罐的排污阀	缓慢打开阀门	10	未缓慢打开扣10分				
		旋向应正确	10	旋向错误扣10分				
4	打开储气井的排污阀	缓慢打开阀门	10	未缓慢打开扣10分				
		旋向应正确	10	旋向错误扣10分				
5	打开针阀	缓慢打开阀门	10	未缓慢打开扣10分				
		旋向应正确	10	旋向错误扣10分				
		无残液流出时停止排污	5	有残液时关闭阀门扣5分				
6	关闭排污阀	关闭排污阀	5	未关闭阀门扣5分				
		旋向应正确	5	旋向错误扣5分				
7	关闭针阀	关闭针阀	5	未关闭针阀扣5分				
		旋向应正确	5	旋向错误扣5分				
8	清理现场	清理场地		场地不清洁扣5分				
9	安全文明操作	按国家或企业颁发有关安全规定执行操作		每违反一项规定扣5分；严重违规取消考核				从总分中扣除
10	考核时限	在规定时间内完成操作		到时间停止操作考核				
	合计		100					

(二) AC002 更换电磁阀线圈

1. 考核要求

(1)必须穿戴劳保用品。

(2)必要的工具、用具准备齐全。

(3)掌握基本操作要领。

(4)按要求完成操作项目,质量符合技术要求。

(5)能够正确使用设备和工具、量具。

(6)操作程序符合安全文明生产规定。

2. 准备要求

(1)设备准备。

序号	名称	规格	数量	备注
1	电磁阀线圈		1个	鉴定站准备

(2)材料准备。

序号	名称	规格	数量	备注
1	绝缘胶布		1卷	鉴定站准备
2	活动扳手		1套	鉴定站准备
3	卡簧钳		1把	鉴定站准备

(3)工具、用具准备。

序号	名称	规格	数量	备注
1	防静电工服		1套	考生准备
2	防静电工鞋		1双	考生准备
3	线手套		1副	考生准备

3. 操作程序说明

(1)准备工作。

(2)断电。

(3)拆卸电磁阀线圈。

(4)安装新电磁阀线圈。

(5)通电并测试。

(6)清理现场。

4. 考核规定说明

(1)如操作违章,将停止考核。

(2)考核采用百分制,考核项目得分按鉴定比重进行折算。

(3)考核方式说明:该项目为实际操作题,考核过程按评分标准及操作过程进行评分。

(4)测试技能说明:本项目主要测试考生对更换电磁阀线圈操作掌握的熟练程度。

5. 考核时限

(1)准备时间:5min(不计入考核时间)。

(2)正式操作时间:20min。

(3)提前完成操作不加分,到时间停止操作考核。

6. 评分记录表

序号	考核内容	评分要素	配分	评分标准	检测结果	扣分	得分	备注
1	准备工作	选择工具、用具、材料;劳保用品穿戴齐全	10	少选、错选一件扣2分;劳保用品穿戴不齐全扣5分				
2	断电	关闭加气机总电源	10	电源未关闭扣10分				
3	拆卸电磁阀线圈	确认断电	10	未确认断电扣10分				
		拆卸电磁阀线圈	10	拆卸不正确扣10分				
4	安装新电磁阀线圈	新电磁阀线圈与原电磁阀线圈规格应一致	10	选择电磁阀线圈错误扣10分				
		接线应正确	10	接线不正确扣10分				

续表

序号	考核内容	评分要素	配分	评分标准	检测结果	扣分	得分	备注
4	安装新电磁阀线圈	电磁阀线圈安装应牢固	10	电磁阀线圈安装不牢固扣10分				
		电磁阀线圈安装正确	10	电磁阀线圈安装不正确扣10分				
5	通电并测试	正确通电	10	未通电扣10分				
		检测电磁阀能否开启	10	电磁阀无法开启扣10分				
6	清理现场	清理场地,收拾工具		未收、少收工具扣5分;场地不清洁扣5分				从总分中扣除
7	安全文明操作	按国家或企业颁发有关安全规定执行操作		每违反一项规定扣5分;严重违规取消考核				
8	考核时限	在规定时间内完成操作		到时间停止操作考核				
	合计		100					

(三) AC004 更换电磁阀阀芯

1. 考核要求

(1)必须穿戴劳保用品。

(2)必要的工具、用具准备齐全。

(3)掌握基本操作要领。

(4)按要求完成操作项目,质量符合技术要求。

(5)能够正确使用设备和工具、量具。

(6)操作程序符合安全文明生产规定。

2. 准备要求

(1)设备准备。

序号	名称	规格	数量	备注
1	电磁阀		1个	鉴定站准备
2	检漏仪(或肥皂水)		1台(若干)	鉴定站准备

(2)材料准备。

序号	名称	规格	数量	备注
1	棉纱		适量	鉴定站准备
2	密封胶		适量	鉴定站准备
3	柴油		适量	鉴定站准备
4	开口扳手		1套	鉴定站准备
5	卡簧钳		1把	鉴定站准备
6	铁盆		1个	鉴定站准备
7	毛刷		1把	鉴定站准备

(3)工具、用具准备。

序号	名称	规格	数量	备注
1	防静电工服	合身	1套	考生准备
2	防静电工鞋	合身	1双	考生准备
3	线手套	合身	1双	考生准备

3. 操作程序说明

(1)准备工作。

(2)断电并关闭上游阀门。

(3)放散。

(4)拆卸电磁阀线圈和电磁阀。

(5)拆卸电磁阀阀芯。

(6)清洗电磁阀阀体并安装新电磁阀阀芯。

(7)安装电磁阀和电磁阀线圈。

(8)检漏并测试。

(9)清理现场。

4. 考核规定说明

(1)如操作违章,将停止考核。

(2)考核采用百分制,考核项目得分按鉴定比重进行折算。

(3)考核方式说明:该项目为实际操作题,考核过程按评分标准及操作过程进行评分。

(4)测试技能说明:本项目主要测试考生对更换电磁阀阀芯操作掌握的熟练程度。

5. 考核时限

(1)准备时间:5min(不计入考核时间)。

(2)正式操作时间:40min。

(3)提前完成操作不加分,到时间停止操作考核。

6. 评分记录表

序号	考核内容	评分要素	配分	评分标准	检测结果	扣分	得分	备注
1	准备工作	选择工具、用具、材料;劳保用品穿戴齐全	5	少选、错选一件扣1分;劳保用品穿戴不齐全扣5分				
2	断电并关闭上游阀门	关闭加气机总电源	5	总电源未关闭扣5分				
		准确关闭相应阀门	5	关闭阀门错误扣5分				
3	放散	正确进行发散	5	放散阀未全部开启或未匀速放散扣5分				
4	拆卸电磁阀线圈和电磁阀	确认断电后拆下电磁阀线圈	5	未确认断电扣5分				
		确认泄压后拆下电磁阀	10	未确认泄压扣5分;拆阀门旋向错扣5分				
		清理连接管螺纹	5	清理螺纹不彻底扣5分				

续表

序号	考核内容	评分要素	配分	评分标准	检测结果	扣分	得分	备注
5	拆卸电磁阀阀芯	应正确拆卸电磁阀阀芯	5	拆卸不正确扣5分				
6	清洗电磁阀阀体并安装新电磁阀阀芯	电磁阀阀体应清洗干净	5	阀体未清洗干净扣5分				
		新电磁阀阀芯与原电磁阀阀芯规格应一致	5	选择电磁阀阀芯错误扣5分				
		电磁阀阀芯安装应牢固	10	电磁阀阀芯安装不牢固扣10分				
		电磁阀阀芯安装正确	5	电磁阀阀芯安装不正确扣5分				
7	安装电磁阀和电磁阀线圈	应正确安装电磁阀和电磁阀线圈	10	电磁阀安装不正确扣5分;电磁阀线圈安装不正确扣5分				
8	检漏并测试	缓慢打开上游阀门	5	未缓慢打开上游阀门扣5分				
		螺纹连接处无渗漏	5	螺纹连接处有渗漏扣5分				
		正确通电	5	未通电扣5分				
		检测电磁阀能否开启	5	电磁阀无法开启扣5分				
9	清理现场	清理场地,收拾工具		未收、少收工具扣5分;场地不清洁扣5分				
10	安全文明操作	按国家或企业颁发有关安全规定执行操作		每违反一项规定扣5分;严重违规取消考核				从总分中扣除
11	考核时限	在规定时间内完成操作		到时间停止操作考核				
	合计		100					

三、答案

(一) 单项选择题

1. A 2. C 3. B 4. A 5. C 6. A 7. A 8. D 9. B 10. C 11. A
12. C 13. A 14. B 15. B 16. D 17. C 18. A 19. A 20. B 21. A 22. C
23. A 24. B 25. A 26. D 27. A 28. C 29. A 30. D 31. C 32. A 33. C
34. B 35. B 36. C 37. B 38. A 39. A 40. B 41. C 42. A 43. D 44. A
45. A 46. C 47. A 48. B 49. C 50. A 51. B 52. D 53. C 54. A 55. A
56. A 57. A 58. B 59. A 60. B 61. C 62. C 63. B 64. A 65. C 66. B
67. C 68. D 69. A 70. D 71. A 72. B 73. A 74. C 75. B 76. B 77. B
78. C 79. B 80. C 81. A 82. B 83. B 84. A 85. D 86. B 87. B 88. A
89. A 90. D

(二) 多项选择题

1. ABD 2. ABCD 3. ABC 4. AB 5. ABD 6. ACD 7. BCD
8. ABC 9. BD 10. AB 11. ABCD 12. ABCD

(三) 判断题

1. × 天然气脱水装置结构中包括循环风机。 2. √ 3. × 并联小气瓶储气库的优点是气瓶易于购买,价格较低。 4. √ 5. √ 6. √ 7. × 电子标签能够记录CNG气瓶使用过程的全部信息。 8. √ 9. √ 10. × 脱水装置需要气动装置提供压缩空气。 11. √ 12. × 脱水装置一次性投资费用少,实际运行成本较低。 13. √ 14. √ 15. √ 16. √ 17. √ 18. √ 19. √ 20. × 钢质气瓶是最早使用的车载储气瓶。 21. × 钢质气瓶的安全系数很高,生产和检验的要求也很高。 22. × 对于车载钢质气瓶,水容积越大,则充装的气量越多。 23. √ 24. √ 25. × 车载储气瓶体积大,则安装布置困难。 26. √ 27. √ 28. × 在CNG加气站压力容器附件检验中,应检验金属管路有无变形、裂纹、凹陷、扭曲或者其他机械接触损伤,对管道焊缝部位进行表面检测。 29. √ 30. √ 31. √ 32. √ 33. √ 34. √ 35. √ 36. × 装填或更换脱硫剂时,一次性最多允许两人同时进入反应器内操作。 37. √ 38. √ 39. √ 40. × 脱水装置冷却风扇叶片和风箱进风口间隙过大,应调整间隙。 41. × 脱水装置风机电动机对中性不好,应按说明书重新找正。 42. √ 43. √ 44. × 管束车的导静电接地带出现破损时,要进行加长或是更换。 45. √

第四章　压缩天然气加气子站的卸气操作

压缩天然气加气子站的卸气操作包括液压加气子站卸气操作和压缩加气子站的卸气操作，两种类型子站的卸气操作是 CNG 加气子站加气人员应熟悉掌握的基本技能。

第一节　液压加气子站的卸气操作

液压加气子站工艺操作自动化程度高，全部操作过程都是在高压的状态下进行的，要求操作人员要熟练掌握操作技能，严格按操作规程进行操作，以保证设备安全运行及人身安全。本节以某型号拖车为例对液压加气子站的卸气操作进行介绍。

一、子站拖车到站操作

GBB001 管束车的到站操作

(1) 将拖车停放在卸气区指定的充装车位，牵引车熄火、制动。
(2) 拖车停到指定车位，确认制动有效后，后轮前后放置楔块以固定拖车，并启动拖车自动刹车装置，放置拖车支腿垫木，摇下拖车支腿，引导牵引车离开。
(3) 设置隔离桩，禁止无关人员进入。
(4) 将静电接地线与拖车的导静电片连接。
(5) 打开拖车后仓门，挂好风钩，固定好仓门。

二、卸气前检查

GBB002 液压加气子站卸气前的检查事项

(1) 检查拖车前仓各高压管件阀门有无泄漏。如发现泄漏，必须在修复后再进行下一步作业。
(2) 检查拖车后仓各高压管件阀门、气路块体（气块）、油路块体（油块）上的放散阀门有无漏气、漏油。如发现问题，必须在处理问题后再进行下一步作业。
(3) 检查各软管有无裂纹、鼓包、露钢丝。
(4) 检查压力表是否完好，记录拖车到站压力。

三、卸气前管路连接操作

GBB003 液压加气子站液压油管路连接

(一) 液压油管路连接

(1) 连接油管线放散管。
拖车后仓主要部件如图 4-1 所示。
(2) 连接单、双油路快装接头。连接单注（回）油路时，关闭单注（回）油路橇体上的注（回）油阀，打开单注（回）油路橇体上的放散阀泄压，泄压完毕后关闭放散阀；打开拖车上双注（回）油路橇体上的放散阀泄压，泄压完毕后关闭放散阀；将橇体上单、双注（回）油加气软管快装接头与拖车上的油路快装接头连接上（图 4-2），连接时逐渐用力正向前推，听到"咔嗒"声音，加气软管内、外螺纹接头即是锁住，连接成功（用力向后拖拉接头，确认可靠）。

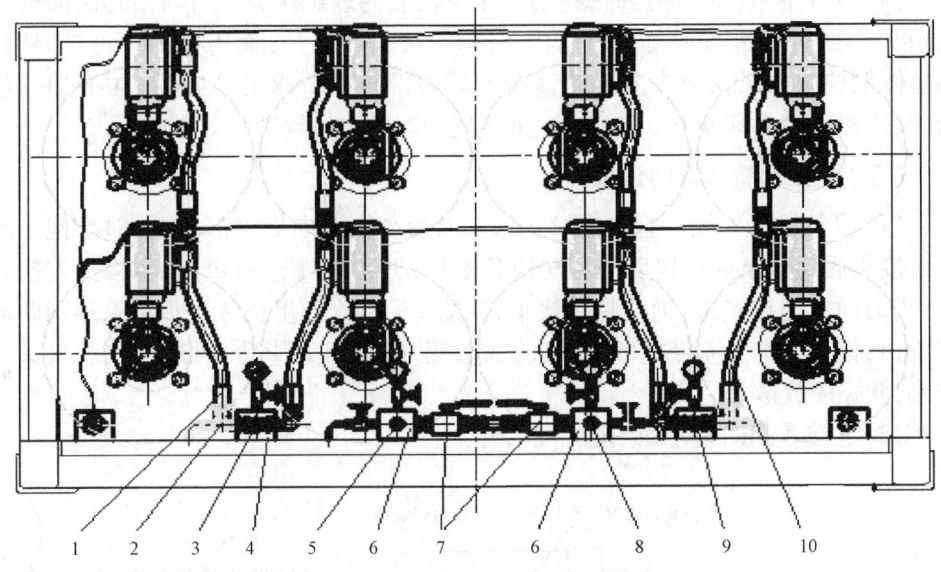

图 4-1　拖车后仓主要部件示意图

1—单油管路；2—油块放散阀；3—单注（回）油路快装接头；4—油块；5—车排气快装接头；6—气块；7—车排气、加气总阀；8—车母站加气快装接头；9—双注（回）油路快装接头；10—双油管路

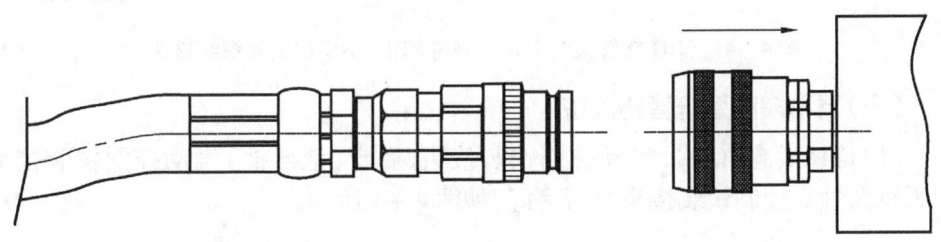

图 4-2　橇体油路软管快装外螺纹接头及拖车油路快装内螺纹接头

（3）连接双注（回）油路时，关闭双注（回）油路橇体上的注（回）油阀，打开双注（回）油路橇体上的放散阀，待双注（回）油路泄压完毕后关闭放散阀，打开拖车上外螺纹接头油块的放散阀，泄压后关闭放散阀；将橇体上的双注液加气软管内螺纹接头对准拖车上的外螺纹接头（图4-3），逐渐用力向前推，听到"咔嗒"声音，加气软管内、外螺纹接头即是锁住，连接成功（用力向后拖拉接头，确认是否接牢）。

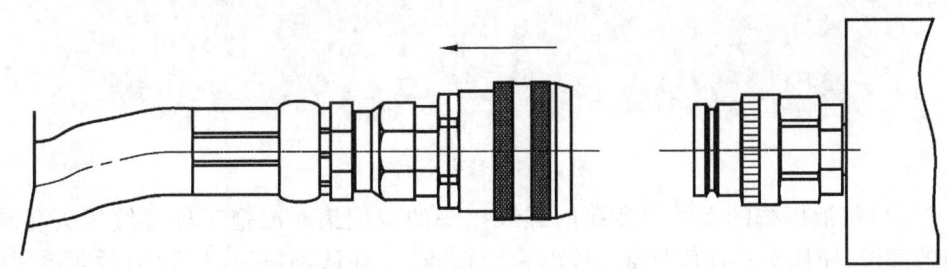

图 4-3　高压油路软管快装内螺纹接头及拖车上油路快装外螺纹接头

GBB004 油管路脱开注意事项

(4)脱开单注(回)油路时,将半挂车上快装内螺纹接头上活动锁套向前根部推到要求的位置后,注液加气软管内、外螺纹接头即脱开;脱开双注(回)油路时,将橇体侧快装内螺纹接头上活动锁套向后根部拉到要求的位置后,注液加气软管内、外螺纹接头即脱开。连接管路时切忌折、扭加气软管。

GBB005 高压天然气管路连接

(二)高压天然气管路连接

(1)将天然气加气软管内螺纹接头上的活动锁套向后根部拉开,对准拖车外螺纹接头插到要求的位置后把活动锁套松开,听到"咔嗒"响声,表示接头连接完毕(用力向后拖拉接头,确认是否接牢,见图4-4)。如果快装接头难以推到要求位置,则打开拖车上CNG管路气块的放散阀,待泄压完毕后,再进行快装接头的连接,并关闭放散阀。

(2)连接管路时切忌折、扭加气软管。

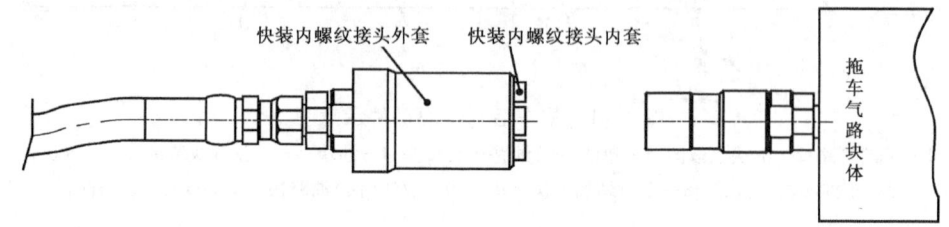

图4-4 CNG软管快装母接头及拖车上CNG快装外螺纹接头

GBB006 气动控制系统管路连接

(三)气动控制系统管路连接

(1)确认后仓(CNG)气动控制快装接头、后仓(液压油)气动控制快装接头和8#钢瓶独立控制快装接头是否完好,如图4-5所示。

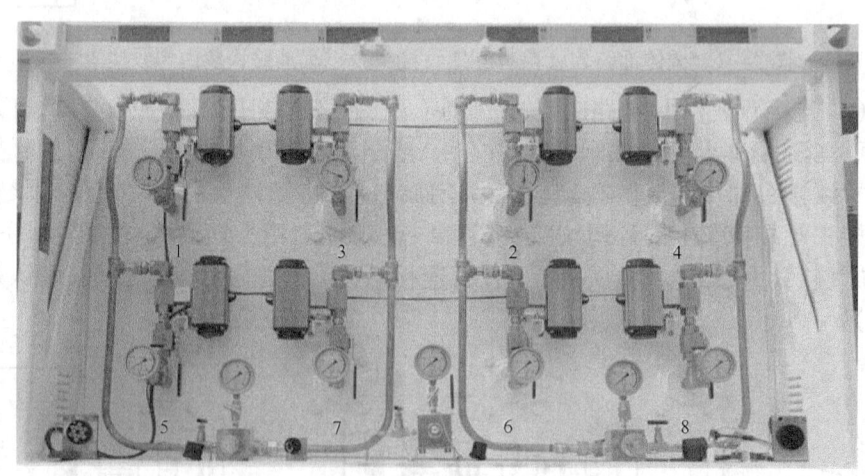

图4-5 管束车后仓

(2)将液压橇的空气管多孔内螺纹接头的定位销对准拖车外螺纹接头有缺口的部位,使插头和插座同轴,对正后轻轻插入,确认到位后,拧紧锁紧螺母,切忌暴力操作。将液压橇的空气管外螺纹接头与拖车上多孔内螺纹接头连接好。气动控制快装接头结构如图4-6所示。

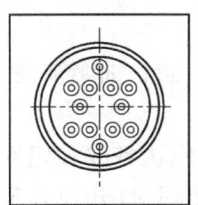
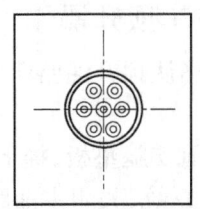

(a)拖车上CNG气动控制快装内螺纹接头　　(b)拖车上注回液气动控制快装外螺纹接头

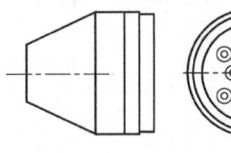
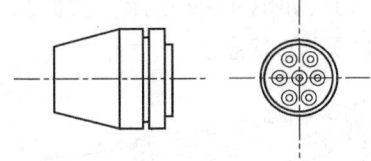

(c)CNG气动控制快装外螺纹接头　　(d)注回液气动控制快装内螺纹接头

图4-6　气动控制快装接头结构示意图

(3) 连接好8#钢瓶独立控制快装接头。连接管路时切忌折、扭加气软管。

(四)拖车顶升装置液压管线连接

将橇体上的黑色胶管与拖车底盘上的接头接牢(图4-7圈定位置)。

图4-7　拖车顶升装置液压管线连接图

(五)信号线连接

将黑色信号线对准车上绿色接头插牢即可(图4-8圈定位置)。

图4-8　信号线连接快装接头对接位置图

GBB007 管束车顶升操作

四、管束车顶升操作

(1)检查确认顶升油路泄压阀处于关闭状态(防止油箱被高压油冲裂),插好支腿插销。

(2)放置前支腿垫板,摇下拖车两侧前支腿,确认各腿稳定对称受力均匀后,启动顶升液压系统,关闭主油路手动注油阀、回油阀,打开顶升装置手动注油阀,将顶升操作阀阀杆扳到顶升位置,使压力达15MPa左右,拖车举升油缸上升到仰角为8°~13°,如图4-9所示。关闭顶升注油阀及顶升液压系统,将顶升操作阀阀杆扳到"关"的状态。

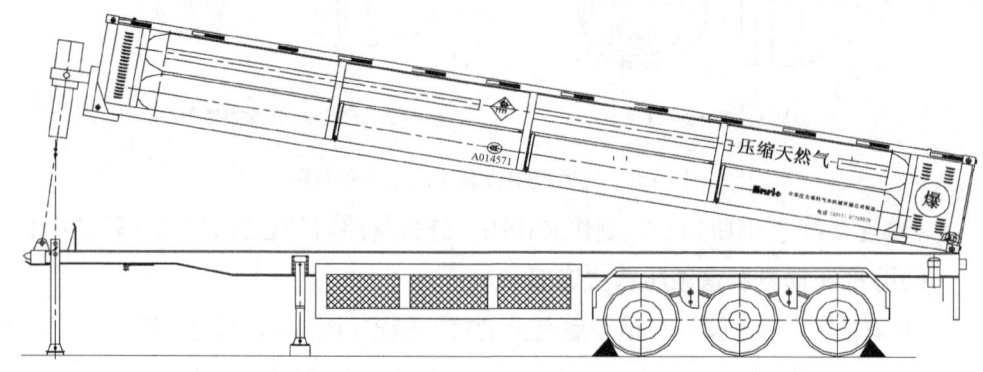

图4-9 拖车顶升示意图

GBB012 液压橇启动操作

五、液压橇启动操作

(1)启动空压机和空气脱水装置,使气体储罐压力达到设定值(0.4~0.75MPa)。

(2)检查确认关闭拖车后仓所有管路的放散阀;确认各钢瓶手动球阀处于开启状态,确认各气动球阀处于关闭状态。

(3)打开拖车上的卸气总阀以及单、双注(回)油路总阀。

(4)打开橇体上的单、双注(回)油路总阀和CNG管路总阀。

(5)按压液压橇启动按钮,系统进入自动运行状态,控制柜面板显示当前工作状态、参数等信息。

六、更换拖车及拖车移走操作

GBB013 更换管束车操作

(一)更换拖车操作

(1)当8#钢瓶卸气完毕后,PLC控制柜液晶显示屏上提示"换车"时,按"确认"键。

(2)将信号线卸下连接到满车拖车上。将前仓气动控制快装接头和后仓气动控制快装接头卸下连接到满车拖车上。

(3)按"高压天然气管路连接"步骤将高压天然气管路快装内螺纹接头卸下后连接到满车拖车上。

(4)脱开单注(回)油路时,将半挂车上快装内螺纹接头上活动锁套向前推到要求的位置后,注液加气软管内、外螺纹接头即脱开;脱开双注(回)油路时,将橇体侧快装内螺纹接头上活动锁套向后拉到要求的位置后,注液加气软管内、外螺纹接头即脱开。

（5）单注（回）油路快装外螺纹接头卸下后，按"液压油管路连接"的要求连接到满车拖车上。

（6）天然气管路单注（回）油路和前、后仓气动控制信号线全部换至满车后，检查确认所有放散阀关闭。

（7）按PLC控制柜液晶显示屏上的"确认"键。此时满车的1#钢瓶开始卸气，以保证加气持续进行。

（8）在空车8#钢瓶回油结束后，PLC控制柜液晶显示屏上第二次提示换车时，将8#钢瓶气动控制管路连接到满车拖车上。

（9）按"液压油管路连接"的要求将双注（回）油路内螺纹接头卸下，并连接到满车拖车上。

（10）关闭橇体处拖车顶升装置换向阀下部注油手动阀，打开该处的回油手动阀，扳动橇体处换向阀把拖车降至水平位置，关闭回油手动阀，卸下顶升装置油路快装接头。

（11）按"拖车顶升操作"的要求把顶升软管快装接头连接到满车拖车上，将第二辆车框架升至仰角为13°。

注意：在更换各个管路时必须先把压力泄掉，不得带压操作！打开高压手动阀时必须缓慢开启，待气流平稳后再全部开启，而且在液压泵启动前一定关闭所有放散阀。

GBB014 更换管束车操作注意事项

（二）卸气后拖车移走操作

（1）当8#钢瓶内的液压油全部返回储罐时，将8#钢瓶气动控制快装接头转接至满车。

GBB015 卸气后管束车移走操作

（2）关闭子站拖车卸气总阀，打开拖车卸气管路放散阀，泄压完毕后关闭放散阀，断开CNG管路（如果换车过程已完成此操作，这里可省去此操作）。

（3）打开拖车上的双注（回）油路的放散阀，泄压完毕后关闭放散阀，断开双注（回）油路软管并连接至满车上，将液压顶升装置快装接头转接至满车上。

（4）启动液压顶升装置，将拖车仰角降下来，确认到位，摘下顶升快装接头；确认所有管路全部断开，收起辅助支腿，插好销轴及保险销，连接车头移走拖车的支撑底座，移走拖车车轮楔块。

（5）收起静电接地线，关好拖车操作仓门。

（6）用摇把将两面支腿摇起，插好销轴及保险销，检查拖车连接情况，收起垫木，松开子站拖车自动刹车装置，移走子站拖车。

第二节　压缩加气子站的卸气操作

一、卸气前准备及检查工作

GBB021 压缩加气子站卸气前注意事项

（一）卸气前准备

将子站拖车固定好，连接静电接地线，打开子站拖车后仓门，自动刹车装置启动。

(二)卸气前检查

检查子站拖车上各高压管件、阀门是否连接牢固,有无泄漏等情况,如发现问题,必须在处理好问题后再进行下一步工作。

在子站拖车与卸气柱连接前,打开子站拖车上卸气块体处的放散阀,将该部分泄压,以便连接加气软管,确保连接部分在无压状态,然后关闭放散阀。

GBB022 压缩加气子站管路连接

二、管路连接

将卸气柱软管与拖车连接好,打开子站拖车上的加气总阀门、各瓶口球阀,打开卸气柱进气阀门,使用子站 PLC 控制系统。

GBB023 压缩加气子站系统启动操作

三、系统启动运行

按下卸气柱上的启动按钮(或控制柜上启动按钮,也或触摸屏上自动控制画面的"启动"按钮),系统进入自动启动运行程序,系统运行指示灯亮,检测油温、液位并启动水泵电动机、润滑油泵电动机、风扇电动机,检测相应运行是否正常,一切正常后系统开始软启动;启动完成转换为旁路运行后,系统工作状态转入正常运行状态。

GBB024 压缩加气子站卸气后操作注意事项

四、卸气完毕后操作

(1)卸气完毕后,收起静电接地线,关好子站拖车操作仓门。

(2)子站拖车完成卸气操作后移走。

① 关闭子站拖车上的加气总阀门、各瓶口球阀,关闭卸气柱进气阀门,打开子站拖车上卸气块体处的放散阀,将该部分泄压,卸掉卸气柱软管。

② 收起辅助支腿,插好销轴及保险销,连接车头移走子站拖车的支撑底座,移走子站拖车车轮楔块。

③ 用摇把将两面支腿摇起,插好销轴及保险销,检查子站拖车连接情况,收起垫木,松开子站拖车自动刹车装置,移走子站拖车。

第三节 卸气柱的卸气操作

GBB025 卸气柱操作

一、卸气柱卸气操作步骤

(1)从卸气柱枪盒上取下加气枪,将加气枪嘴与拖车上的加气接口可靠连接。

(2)关闭卸气柱上的放空球阀;打开拖车上的球阀,此时可从卸气柱上的放空压力表读出拖车的剩余压力。

(3)打开卸气柱上的加气球阀和出口球阀。非定量加气:按卸气柱键盘上的"加气"键即可加气。

(4)加气完成后电脑控制器的蜂鸣器会连续鸣叫提示用户,需要手动停止加气。

(5)关闭卸气柱上的加气球阀。

(6)关闭拖车上的球阀。

(7)关闭卸气柱上的加气球阀,打开放空球阀排除拖车上的球阀至卸气柱的加气球阀之间管道中的高压气体。

(8)从拖车取下快装接头放回卸气柱枪盒内,结束加气。

二、注意事项

(1)为延长卸气柱加气软管的使用寿命,应避免让其长期处于高压膨胀状态,在每天工作结束或较长时间停止工作时,应关闭卸气柱上的加气球阀,然后打开放空球阀,排空软管中的高压天然气。

(2)再次使用卸气柱时,应先排净软管中的空气,以保证充入的天然气纯度。

(3)若卸气过程中出现意外事故,紧急处理办法有:① 立即切断卸气柱电源;② 迅速关闭汽车储气罐上的球阀;③ 关闭卸气柱前的进气阀或卸气柱进气口球阀。

GBB026 卸气柱操作注意事项

高级工练习题及答案

一、理论知识试题

(一)单项选择题(每题四个选项,只有一个是正确的,将正确的选项号填入括号内)

1. BB001　子站拖车到站后应将(　)与拖车的导静电片连接。
　　　　(A)传输线　　　(B)静电接地线　　(C)导线　　　　　(D)天线

2. BB001　管束车到子站,子站人员操作流程不包括(　)。
　　　　(A)将拖车停放在卸气区指定的充装车位,牵引车熄火、制动
　　　　(B)设置隔离桩,禁止无关人员进入
　　　　(C)更换管束车
　　　　(D)打开拖车后仓门,挂好风钩,固定好仓门

3. BB002　液压站卸气前的检查事项不包括(　)。
　　　　(A)检查拖车前仓各高压管件阀门有无泄漏
　　　　(B)检查拖车后仓各高压管件阀门、气块、油块上的放散阀门有无漏气、漏油
　　　　(C)检查各软管有无裂纹、鼓包、露钢丝
　　　　(D)检查卸气柱软管与拖车是否连接好

4. BB002　液压加气子站拖车卸气前应检查压力表是否完好,记录拖车到站(　)。
　　　　(A)压力　　　　(B)质量　　　　　(C)时间　　　　　(D)位置

5. BB003　下面不属于液压加气子站液压油管路连接操作的是(　)。
　　　　(A)固定管束车后门
　　　　(B)连接油管线放散管
　　　　(C)连接单、双油路快装接头
　　　　(D)将半挂车上快装内螺纹接头上活动锁套向前推到要求的位置

6. BB003　连接单、双油路快装接头时,应当(　)。
　　　　(A)设置隔离桩,禁止无关人员进入
　　　　(B)打开管束车放散阀
　　　　(C)关闭油路橇体上的注(回)油阀,打开油路橇体上的放散阀泄压
　　　　(D)连接静电接地线

7. BB004　脱开双注(回)油路时,将橇体侧快装内螺纹接头上活动锁套(　)到要求的位置后,注液加气软管内、外螺纹接头即脱开。
　　　　(A)向前根部拉　(B)向后根部拉　　(C)向右拉　　　　(D)向左拉

8. BB004　脱开单注(回)油路时,将半挂车上快装内螺纹接头上活动锁套(　)到要求的位置后,注液加气软管内、外螺纹接头即脱开。
　　　　(A)向前根部推　(B)向左转　　　　(C)向右转　　　　(D)向后推

9. BB005　将天然气加气软管内螺纹接头上的活动卡套(　),对准拖车外螺纹接头插到要求的位置后把活动卡套松开。
　　　　(A)向前根部拉开　(B)向后根部拉开　(C)向左拉开　　　(D)向右拉开

10. BB005　如果快装接头难以推到要求位置,打开拖车上CNG管路气块的(　),待泄压完毕后再连接快装接头。
　　　(A)总进气阀　　(B)电磁阀　　(C)单向阀　　(D)放散阀

11. BB006　下面不属于气动控制系统管路连接注意事项的是(　)。
　　　(A)确认前仓(CNG)气动控制快装接头是否完好
　　　(B)确认后仓(液压油)气动控制快装接头是否完好
　　　(C)确认钢瓶独立控制快装接头是否完好
　　　(D)确认加气机是否正常工作

12. BB006　气动控制系统管路连接中,将液压撬的空气管公接头与拖车上多孔(　)连接好。
　　　(A)母接头　　(B)公接头　　(C)单向阀　　(D)电磁阀

13. BB007　检查确认管束车顶升油路泄压阀处于关闭状态,其主要目的是(　)。
　　　(A)防止油箱被高压油冲裂　　　　(B)防止漏油
　　　(C)防止泄压　　　　　　　　　　(D)防止漏气

14. BB007　管束车顶升时,管束车举升油缸上升到仰角为(　)。
　　　(A)5°~10°　　(B)8°~13°　　(C)9°~15°　　(D)10°~15°

15. BB012　液压撬启动操作不包括(　)。
　　　(A)连接好8#钢瓶独立控制快装接头
　　　(B)启动空压机和空气脱水装置
　　　(C)打开拖车上的卸气总阀,打开单、双注(回)油路总阀
　　　(D)打开撬体上的单、双注(回)油路总阀以及CNG管路总阀

16. BB012　液压撬启动操作检查项不包括(　)。
　　　(A)确认空压机气体储罐压力达到设定值(0.4~0.75MPa)
　　　(B)检查确认关闭拖车后仓所有管路的放散阀
　　　(C)确认各气动球阀处于关闭状态
　　　(D)确认前仓(CNG)气动控制快装接头是否完好

17. BB013　当8#钢瓶卸气完毕后,PLC控制柜液晶显示屏上提示"换车"时,按(　)键。
　　　(A)返回　　(B)退出　　(C)确认　　(D)停机

18. BB013　天然气管路单注(回)油管路和前、后仓气动控制信号线全部换至满车后,检查确认所有(　)关闭。
　　　(A)爆破片　　(B)手动高压球阀　　(C)气动高压阀门　　(D)放散阀

19. BB014　在连接顶升管路时,发现顶升管线无法插入连接,此时应当(　)。
　　　(A)打开管束车顶升放散阀　　　　(B)扳动顶升装置换向阀
　　　(C)打开管束车顶升管路球阀　　　(D)转动滑套

20. BB014　在更换管束车操作,更换各个管路时必须先把(　)。
　　　(A)压力泄掉　　　　　　　　　　(B)液压油泄掉
　　　(C)各气瓶开关关掉　　　　　　　(D)多路快装接头卸掉

21. BB015　8#钢瓶内的液压油全部返回储罐时,要将(　)钢瓶气动控制快装接头转接至满车。
　　　(A)8#　　(B)1#　　(C)全部　　(D)除8#以外

22. BB015　卸气后管束车移走操作不包括(　)。
　　　(A)启动液压顶升装置,将拖车仰角降下来,确认到位,摘下顶升快装接头

67

(B)收起静电接地线,关好拖车操作仓门
(C)打开卸气总阀
(D)用摇把将两面支腿摇起,插好销轴及保险销

23. BB021 将压缩加气子站拖车固定好,连接静电接地线,打开子站拖车后仓门,自动刹车装置( )。
 (A)关闭 (B)延时关闭 (C)启动 (D)可开启可关闭

24. BB021 在压缩加气子站拖车与卸气柱连接前,打开子站拖车上卸气块体处的( ),将该部分泄压,以便连接加气软管,以确保连接部分处在无压状态下。
 (A)放散阀 (B)加气总阀 (C)气动球阀 (D)加气柱球阀

25. BB022 加气站卸气操作管路连接时,应将卸气柱( )与拖车连接好。
 (A)加气软管 (B)拉断阀 (C)排污管 (D)排气管

26. BB022 打开压缩加气子站拖车上的加气总阀门、各瓶口球阀,打开卸气柱进气阀门,使子站( )运行。
 (A)加气机 (B)空气压缩机 (C)PLC控制系统 (D)放散系统

27. BB023 按下PLC控制柜上的( ),系统将进入自动启动运行程序。
 (A)启动按钮 (B)暂停按钮 (C)手动模式按钮 (D)停止按钮

28. BB023 压缩加气子站系统启动一切正常后,系统开始软启动,启动完成转换为( )后,系统工作状态进入正常运行。
 (A)循环运行 (B)自动运行 (C)旁路运行 (D)高压运行

29. BB024 卸气完毕后,用摇把将两面支撑腿摇起,插好销轴及( ),检查压缩加气子站拖车连接情况,收起三角车木块,松开子站拖车安全闸,移走子站拖车。
 (A)气动阀 (B)保险销 (C)液压球阀 (D)电磁阀

30. BB024 子站拖车完成卸气后移走,要收起辅助支腿,( ),连接车头移走子站拖车的支撑底座,移走车轮楔块。
 (A)插好销轴及保险销
 (B)关闭专用半挂车车门
 (C)收起静电接地线
 (D)打开拖车上的双注(回)油路的放散阀

31. BB025 启动卸气柱前要确认( )已关闭。
 (A)放散阀 (B)电源 (C)管束车球阀 (D)储气井入口阀

32. BB025 关闭卸气柱上的放空球阀,打开管束车上的球阀,此时可从卸气柱上的( )读出管束车的剩余压力。
 (A)放空压力表 (B)温度表 (C)油压表 (D)安全阀压力表

33. BB026 若卸气过程中出现意外事故,则不应( )。
 (A)迅速关闭汽车储气罐上的球阀 (B)切断卸气柱电源
 (C)近距离观察事故原因 (D)关闭卸气柱进口阀

34. BB026 在每天工作结束或较长时间停止工作时,应关闭卸气柱上的( )。
 (A)汽车储气罐上的球阀 (B)放散阀
 (C)加气球阀 (D)气动球阀

(二)多项选择题(每题四个选项,至少有两个是正确的,将正确的选项号填入括号内)

1. BB001　关于液压加气子站拖车到站操作说法中正确的是(　　)。
　　(A)设置隔离桩,禁止无关人员进入
　　(B)将静电接地线与拖车的导静电片连接
　　(C)将拖车停放在卸气区指定的充装车位,牵引车熄火,不需制动
　　(D)打开拖车后仓门,挂好风钩,固定好仓门

2. BB004　液压加气子站卸气前管路连接操作包括(　　)。
　　(A)高压天然气管路连接　　　　　(B)气动控制系统连接
　　(C)液压油管路连接　　　　　　　(D)顶升系统连接

3. BB012　液压加气子站液压橇启动操作正确的是(　　)。
　　(A)启动空压机和空气脱水装置,使气体储罐压力达到 0.6~0.8MPa
　　(B)操作时应打开拖车上的卸气总阀,打开单、双注(回)油路总阀
　　(C)检查确认关闭拖车后仓所有管路的放散阀
　　(D)各钢瓶手动球阀应处于开启状态

4. BB021　属于压缩加气子站卸气前准备及检查工作的是(　　)。
　　(A)将子站拖车固定好,连接上静电接地线
　　(B)打开子站拖车后仓门,自动刹车装置启动
　　(C)检查子站拖车上各部件是否连接牢固
　　(D)检查子站拖车上各部件有无泄漏等情况

5. BB025　关于卸气柱操作描述正确的是(　　)。
　　(A)卸气操作时,关闭卸气柱上的放空球阀
　　(B)卸气柱可进行非定量加气
　　(C)卸气柱加气完成后电脑控制器的蜂鸣器会连续鸣叫提示用户
　　(D)加气完成后,打开放空球阀排除管束车上球阀至卸气柱的加气球阀之间管道中的高压气体

(三)判断题(对的画"√",错的画"×")

(　)1. BB001　管束车到站时,应停放在卸气区指定的充装车位,牵引车熄火、制动。

(　)2. BB002　管束车卸气前如发现问题,可在未处理好问题时进行下一步作业。

(　)3. BB003　液压加气子站卸气前管路连接操作中,液压油管路连接需要进行单、双油路快装接头连接。

(　)4. BB004　液压油管连接时逐渐用力向前推,听到"咔嗒"声音,高压软管内、外螺纹接头即是锁住,连接成功。

(　)5. BB005　对于高压天然气管路连接,如果快装接头难以推到要求位置,则打开拖车上CNG管路气块的放散阀,待泄压完毕后,再进行快装接头的连接,并关闭放散阀。

(　)6. BB006　将液压橇的空气管多孔内螺纹接头的定位销对准拖车外螺纹接头有缺口的部位,使插头和插座同轴,对正后轻轻插入,确认到位后,拧紧锁紧螺母。

(　)7. BB007　管束车顶升操作中,关闭顶升注油阀及顶升液压系统,将顶升操作阀阀杆扳到"关"的状态。

(　)8. BB012　启动液压橇前,应检查确认各钢瓶手动球阀处于开启状态,确认各气动球阀处于关闭状态。

(　)9. BB013　在更换管束车各个管路时,必须先把压力泄掉,不得带压操作。

(　)10. BB014　在液压加气子站中,当8#钢瓶卸气完毕后,PLC控制柜液晶显示屏上提示"换车"时,应按"确认"键。

(　)11. BB015　断开CNG管路连接时,应关闭子站拖车卸气总阀,打开拖车卸气管路放散阀,泄压完毕后关闭放散阀,断开CNG管路。

(　)12. BB021　卸气操作前,检查子站拖车(拖车)上各高压管件、阀门是否连接牢固,有无泄漏等情况。

(　)13. BB022　管路连接时需要打开压缩子站拖车上的加气总阀门。

(　)14. BB023　压缩子站控制系统进入自动启动运行程序后系统运行的指示灯变亮。

(　)15. BB024　压缩加气子站卸气完毕后,应收起静电接地线,关好子站拖车操作仓门。

(　)16. BB025　卸气结束后,从管束车取下的快装接头不需要放回卸气柱枪盒内。

(　)17. BB026　再次使用卸气柱时,不必排净软管中的空气。

二、技能操作试题

(一) AA002 液压子站卸气操作

1. 考核要求

(1)必须穿戴劳保用品。
(2)必要的工具、用具准备齐全。
(3)掌握基本操作要领。
(4)按要求完成操作项目,质量符合技术要求。
(5)能够正确使用设备和工具、量具。
(6)操作程序符合安全文明生产规定。

2. 准备要求

(1)设备准备。

序号	名称	规格	数量	备注
1	管束车	安瑞科牌 HGJ9350GGQ	1台	鉴定站准备
2	液压子站橇体	安瑞科牌 LND2000/20	1台	鉴定站准备

(2)材料准备。

序号	名称	规格	数量	备注
1	记录本	A4	1个	鉴定站准备
2	垫木	600mm×400mm×50mm		

(3)工具、用具准备。

序号	名称	规格	数量	备注
1	防静电工服		1套	考生准备
2	防静电工鞋		1双	考生准备
3	线手套		1副	考生准备

3. 操作程序说明

(1) 准备工作。
(2) 连接静电接地线。
(3) 打开管束车后仓门并固定。
(4) 连接放散管,打开放散阀放散。
(5) 连接天然气软管及单双号注油软管。
(6) 关闭放散阀。
(7) 连接前、后仓气动控制接头。
(8) 放下前仓辅助支腿并固定。
(9) 连接顶升注油软管。
(10) 打开橇体单双号注油总阀、天然气总阀及管束车天然气总阀。

4. 考核规定说明

(1) 如操作违章,将停止考核。
(2) 考核采用百分制,考核项目得分按鉴定比重进行折算。
(3) 考核方式说明:该项目为实际操作题,考核过程按评分标准及操作过程进行评分。
(4) 测试技能说明:本项目主要测试考生对液压子站卸气操作掌握的熟练程度。

5. 考核时间

(1) 准备时间:5min(不计入考核时间)。
(2) 正式操作时间:30min。
(3) 提前完成操作不加分,到时间停止操作考核。

6. 评分记录表

序号	考核内容	评分要素	配分	评分标准	检测结果	扣分	得分	备注
1	准备工作	正确穿戴防静电工服、防静电工鞋、手套	5	每缺一项扣2分,扣完为止				
2	连接静电接地线	连接静电接地线到槽车指定位置	5	未连接到槽车指定位置扣5分				
3	打开管束车后仓门并固定	打开管束车后仓门	2	打开后仓门不熟练扣2分				
		打开到位,并固定好仓门	2	仓门未固定扣2分				
4	连接放散管,打开放散阀放散	找到放散接头并连接牢固	10	未连接放散管扣5分;连接不牢固扣5分				
		缓慢打开3个放散阀放散	10	少打开一个扣2分;未缓慢打开扣2分;阀门旋向错误扣2分				
5	连接天然气软管及单双号注油软管	连接单号注油软管	10	选择快装接头错误扣5分;未检测是否牢固扣5分				
		连接天然气软管	10	选择快装接头错误扣5分;未检测是否牢固扣5分				
		连接双号注油软管	10	选择快装接头错误扣5分;未检测是否牢固扣5分				

续表

序号	考核内容	评分要素	配分	评分标准	检测结果	扣分	得分	备注
6	关闭放散阀	关闭所有储气瓶的放散阀	6	少关闭一个扣1分,扣完为止				
7	连接前、后仓气动控制接头	正确连接气动控制接头	10	连接错误扣5分;连接不牢固扣5分				
8	放下前仓辅助支腿并固定	放下辅助支腿并放好垫木	6	未放好垫木扣3分;辅助支腿未固定好扣3分				
9	连接顶升注油软管	正确连接顶升注油软管	6	连接顶升注油软管不熟练扣3分;软管连接不牢固扣3分				
10	打开橇体单双号注油总阀、天然气总阀及管束车天然气总阀	缓慢打开橇体单双号注油总阀、天然气总阀以及管束车天然气总阀	8	未打开橇体单号注油总阀扣2分;未打开橇体双号注油总阀扣2分;未打开橇体天然气总阀扣2分;未打开管束车天然气总阀扣2分				
11	安全文明操作	按国家或企业颁发有关安全规定执行操作		每违反一项规定扣2分;严重违规取消考核				从总分中扣除
		语言文明,尊重考评员和工作人员		未做到一项扣2分				
		工完、料净、场地清;工具、设备清洁整齐;报告结束		未做到一项扣1分				
12	考核时限	在规定时间内完成操作		到时间停止操作考核				
	合计		100					

(二)AA003 压缩子站卸气操作

1. 考核要求

(1)必须穿戴劳保用品。

(2)必要的工具、用具准备齐全。

(3)掌握基本操作要领。

(4)按要求完成操作项目,质量符合技术要求。

(5)能够正确使用设备和工具、量具。

(6)操作程序符合安全文明生产规定。

2. 准备要求

(1)设备准备。

序号	名称	规格	数量	备注
1	管束车	安瑞科牌 HGJ9350GGQ	1台	鉴定站准备

(2) 材料准备。

序号	名称	规格	数量	备注
1	记录本	A4	1个	鉴定站准备

(3) 工具、用具准备。

序号	名称	规格	数量	备注
1	防静电工服		1套	考生准备
2	防静电工鞋		1双	考生准备
3	线手套		1副	考生准备

3. 操作程序说明

(1) 准备工作。

(2) 连接静电接地线。

(3) 打开后仓门。

(4) 打开卸气柱和管束车后仓放散阀。

(5) 连接卸气软管。

(6) 关闭放散阀。

(7) 打开管束车天然气主阀。

(8) 打开卸气柱手动进气球阀。

4. 考核规定说明

(1) 如操作违章,将停止考核。

(2) 考核采用百分制,考核项目得分按鉴定比重进行折算。

(3) 考核方式说明:该项目为实际操作题,考核过程按评分标准及操作过程进行评分。

(4) 测试技能说明:本项目主要测试考生对压缩子站卸气操作掌握的熟练程度。

5. 考核时间

(1) 准备时间:5min(不计入考核时间)。

(2) 正式操作时间:15min。

(3) 提前完成操作不加分,到时间停止操作考核。

6. 评分记录表

序号	考核内容	评分要素	配分	评分标准	检测结果	扣分	得分	备注
1	准备工作	正确穿戴防静电工服、防静电工鞋、手套	10	每缺一项扣3分,扣完为止				
2	连接静电接地线	连接静电接地线到槽车指定位置	5	未连接到槽车指定位置扣5分				
3	打开后仓门	打开并固定好后仓门	10	打开后仓门不熟练扣5分;仓门未固定扣5分				
4	打开卸气柱和管束车后仓放散阀	缓慢打开放散阀	10	未缓慢打开阀门扣5分;阀门旋向错误扣5分				
		卸气柱压力表归零停止放散	10	未归零停止放散扣10分				

续表

序号	考核内容	评分要素	配分	评分标准	检测结果	扣分	得分	备注
5	连接卸气软管	将软管内螺纹接头活动锁套向后拉	5	未后拉活动锁套扣5分				
		对准管束车上外螺纹接头插到要求位置,听到"咔嗒"声后把活动锁套松开	5	活动锁套未对准外螺纹接头扣5分				
		用力向后拉软管,确认连接牢固	5	未确认连接牢固扣5分				
		挂上安全挂钩	5	未连接安全挂钩扣5分				
6	关闭放散阀	缓慢关闭阀门	10	未缓慢关闭阀门扣5分;阀门旋向错误扣5分				
		缓慢关闭卸气柱放散阀	5	未关闭阀门扣5分				
7	打开管束车天然气主阀	缓慢打开阀门,旋向应正确	10	未缓慢打开阀门扣5分;阀门旋向错误扣5分				
8	打开卸气柱手动进气球阀	缓慢打开阀门,旋向应正确	10	未缓慢打开阀门扣5分;阀门旋向错误扣5分				
9	安全文明操作	按国家或企业颁发有关安全规定执行操作		每违反一项规定扣2分;严重违规取消考核				从总分中扣除
		语言文明,尊重考评员和工作人员		未做到一项扣2分				
		工完、料净、场地清;工具、设备清洁整齐;报告结束		未做到一项扣1分				
10	考核时限	在规定时间内完成操作		到时间停止操作考核				
	合计		100					

(三) AA005 操作卸气后的液压系统

1. 考核要求

(1)必须穿戴劳保用品。

(2)必要的工具、用具准备齐全。

(3)掌握基本操作要领。

(4)按要求完成操作项目,质量符合技术要求。

(5)能够正确使用设备和工具、量具。

(6)操作程序符合安全文明生产规定。

2. 准备要求

(1)设备准备。

序号	名称	规格	数量	备注
1	管束车	安瑞科牌 HGJ9350GGQ	1台	鉴定站准备

(2)材料准备。

序号	名称	规格	数量	备注
1	记录本	A4	1个	鉴定站准备
2	扳手		1套	鉴定站准备

(3)工具、用具准备。

序号	名称	规格	数量	备注
1	防静电工服		1套	考生准备
2	防静电工鞋		1双	考生准备
3	线手套		1副	考生准备

3. 操作程序说明

(1)准备工作。

(2)关闭管束车上加气主阀。

(3)关闭8个瓶阀。

(4)关闭卸气柱进气阀。

(5)打开卸气柱上放散阀。

(6)将卸气软管泄压。

(7)卸下卸气软管。

(8)收起液压杆。

(9)收起辅助支腿。

(10)拆下导静电带。

(11)关闭仓门。

4. 考核规定说明

(1)如操作违章,将停止考核。

(2)考核采用百分制,考核项目得分按鉴定比重进行折算。

(3)考核方式说明:该项目为实际操作题,考核过程按评分标准及操作过程进行评分。

(4)测试技能说明:本项目主要测试考生对操作卸气后的液压系统掌握的熟练程度。

5. 考核时限

(1)准备时间:5min(不计入考核时间)。

(2)正式操作时间:20min。

(3)提前完成操作不加分,到时间停止操作考核。

6. 评分记录表

序号	考核内容	评分要素	配分	评分标准	检测结果	扣分	得分	备注
1	准备工作	正确穿戴防静电工服、防静电工鞋、手套	10	每缺一项扣3分,扣完为止				
2	关闭管束车上加气主阀	关闭阀门,缓慢操作且旋向应正确	10	未缓慢关闭阀门扣5分;旋向错误扣5分				

续表

序号	考核内容	评分要素	配分	评分标准	检测结果	扣分	得分	备注
3	关闭8个瓶阀	应缓慢关闭阀门,旋向应正确	10	未缓慢关闭阀门扣5分;旋向错误扣5分				
4	关闭卸气柱进气阀	应缓慢关闭阀门,旋向应正确	10	未缓慢关闭阀门扣5分;旋向错误扣5分				
5	打开卸气柱上放散阀	应缓慢打开放散阀,旋向应正确	10	未缓慢打开阀门扣5分;旋向错误扣5分				
6	将卸气软管泄压	压力表必须归零	5	压力表未归零停止放散扣5分				
7	卸下卸气软管	解开防脱挂钩	5	未解开防脱挂钩扣5分				
		向后拉软管活动锁套,拔出卸气软管	10	未后拉活动锁套扣5分;未能顺利拔出卸气软管扣5分				
8	收起液压杆	打开液压管线手阀	5	未打开液压管线手阀扣5分				
9	收起辅助支腿	用专用摇杆收起辅助支腿,插好销轴及保险销	10	摇杆旋向错误扣5分;未插保险销扣5分				
10	拆下导静电带	导静电带应放到规定位置	5	随意摆放导静电带扣5分				
11	关闭仓门	仓门必须关严,挂好安全挂钩	10	仓门未关严扣5分;安全挂钩未挂好扣5分				
12	安全文明操作	按国家或企业颁发有关安全规定执行操作		每违反一项规定扣2分;严重违规取消考核				从总分中扣除
		语言文明,尊重考评员和工作人员		每违反一项扣2分				
		工完、料净、场地清;工具、设备清洁整齐		每违反一项扣2分				
13	考核时限	在规定时间内完成操作		到时间停止操作考核				
	合计		100					

(四)AA006 操作液压顶升系统

1. 考核要求

(1)必须穿戴劳保用品。

(2)必要的工具、用具准备齐全。

(3)掌握基本操作要领。

(4)按要求完成操作项目,质量符合技术要求。

(5)能够正确使用设备和工具、量具。

(6)操作程序符合安全文明生产规定。

2. 准备要求

(1) 设备准备。

序号	名称	规格	数量	备注
1	液压橇体	HPC 1000/20	1台	鉴定站准备

(2) 材料准备。

序号	名称	规格	数量	备注
1	参数记录本	A4	1个	鉴定站准备
2	碳素笔	黑色0.5mm	1支	鉴定站准备

(3) 工具、用具准备。

序号	名称	规格	数量	备注
1	防静电工服		1套	考生准备
2	防静电工鞋		1双	考生准备
3	线手套		1副	考生准备

3. 操作程序说明

(1) 准备工作。

(2) 调整支腿。

(3) 检查油管连接。

(4) 启动液压系统。

(5) 关闭主油路手动注油阀和回油阀。

(6) 打开手动注油阀。

(7) 将换向阀扳至升车状态。

(8) 将黑色换向阀扳至原位。

4. 考核规定说明

(1) 如操作违章,将停止考核。

(2) 考核采用百分制,考核项目得分按鉴定比重进行折算。

(3) 考核方式说明:该项目为实际操作题,考核过程按评分标准及操作过程进行评分。

(4) 测试技能说明:本项目主要测试考生对操作液压顶升系统掌握的熟练程度。

5. 考核时限

(1) 准备时间:5min(不计入考核时间)。

(2) 正式操作时间:20min。

(3) 提前完成操作不加分,到时间停止操作考核。

6. 评分记录表

序号	考核内容	评分要素	配分	评分标准	检测结果	扣分	得分	备注
1	准备工作	选择工具、用具及材料;劳保用品穿戴齐全	10	每少选、错选一件扣2分;劳保用品穿戴不齐全扣5分				

续表

序号	考核内容	评分要素	配分	评分标准	检测结果	扣分	得分	备注
2	调整支腿	辅助支腿应与垫块对正	10	支腿未对正垫块扣10分				
		检查各支腿受力均匀	10	未检查支腿受力情况扣10分				
3	检查油管连接	油管连接牢固	10	油管连接不牢固扣10分				
4	启动液压系统	点击主操作页面"系统自动"键系统进入自动控制状态,按下控制柜上的"启动"按钮启动液压系统	10	未能找到相应按键扣5分;未能启动液压系统扣5分				
5	关闭主油路手动注油阀和回油阀	缓慢关闭手动注油阀和回油阀	10	未缓慢关闭手动注油阀扣5分;未缓慢关闭回油阀扣5分				
6	打开手动注油阀	缓慢打开升起装置下部手动注油阀	10	未缓慢打开阀门扣10分				
		旋向应正确	10	旋向错误扣10分				
7	将换向阀扳至升车状态	用手动注油阀控制油量,升车油压控制在16~18MPa之间	10	未控制油量扣5分;压力未在规定范围扣5分				
8	将黑色换向阀扳至原位	管束车升角为10°~13°时关闭阀门	10	升角不在范围内扣10分				
9	安全文明操作	按国家或企业颁发有关安全规定执行操作		每违反一项规定扣5分;严重违规取消考核				从总分中扣除
10	考核时限	在规定时间内完成操作		到时间停止操作考核				
	合计		100					

(五) AC003 清洗液压橇体液压油低压过滤器滤芯

1. 考核要求

(1)必须穿戴劳保用品。
(2)必要的工具、用具准备齐全。
(3)掌握基本操作要领。
(4)按要求完成操作项目,质量符合技术要求。
(5)能够正确使用设备和工具、量具。
(6)操作程序符合安全文明生产规定。

2. 准备要求

(1)设备准备。

序号	名称	规格	数量	备注
1	液压子站橇体		1台	鉴定站准备

(2) 材料准备。

序号	名称	规格	数量	备注
1	抹布		适量	鉴定站准备
2	柴油		适量	鉴定站准备
3	开口扳手		1套	鉴定站准备
4	铁盆		2个	鉴定站准备
5	毛刷		1把	鉴定站准备

(3) 工具、用具准备。

序号	名称	规格	数量	备注
1	防静电工服		1套	考生准备
2	防静电工鞋		1双	考生准备
3	线手套		1副	考生准备

3. 操作程序说明

(1) 准备工作。

(2) 关闭上游阀门。

(3) 做好泄漏防护。

(4) 拆卸过滤器滤芯。

(5) 清洗过滤器滤芯。

(6) 安装过滤器滤芯。

(7) 打开上游阀门。

(8) 观察渗漏。

(9) 液体处理。

(10) 清理现场。

4. 考核规定说明

(1) 如操作违章,将停止考核。

(2) 考核采用百分制,考核项目得分按鉴定比重进行折算。

(3) 考核方式说明:该项目为实际操作题,考核过程按评分标准及操作过程进行评分。

(4) 测试技能说明:本项目主要测试考生对清洗液压橇体液压油低压过滤器滤芯操作掌握的熟练程度。

5. 考核时限

(1) 准备时间:5min(不计入考核时间)。

(2) 正式操作时间:30min。

(3) 提前完成操作不加分,到时间停止操作考核。

6. 评分记录表

序号	考核内容	评分要素	配分	评分标准	检测结果	扣分	得分	备注
1	准备工作	选择工具、用具、材料;劳保用品穿戴齐全	10	少选、错选一件扣2分;劳保用品穿戴不齐全扣5分				

续表

序号	考核内容	评分要素	配分	评分标准	检测结果	扣分	得分	备注
2	关闭上游阀门	准确关闭相应阀门	5	忘记关闭阀门扣5分				
3	做好泄漏防护	地面铺垫抹布,铁盆位置摆正	10	没铺抹布扣5分;铁盆没摆正扣5分				
4	拆卸过滤器滤芯	确认无压力后缓慢旋松过滤器滤芯	10	未拆卸滤芯扣5分;拆卸过程不熟练扣5分				
		拆卸过程中注意防止污染地面	10	未注意防护扣5分;大面积污染地面扣10分				
5	清洗过滤器滤芯	过滤器滤芯清洗干净	10	过滤器滤芯清洗不干净扣10分				
6	安装过滤器滤芯	柴油需要沥干	5	柴油未沥干扣5分				
		过滤器滤芯安装应牢固	10	安装不牢固扣10分				
7	打开上游阀门	打开上游阀门	5	未打开上游阀门扣5分				
8	观察渗漏	观察无渗漏	5	未观察扣5分				
		螺纹连接处无渗漏	10	发现渗漏扣5分;处置不当扣5分				
9	液体处理	液体合理处理	10	液压油未倒回橔体扣5分;污柴油未倒进废液筒扣5分				
10	清理现场	清理场地,收拾工具		未收、少收工具扣5分;场地不清洁扣5分				
11	安全文明操作	按国家或企业颁发有关安全规定执行操作		每违反一项规定扣5分;严重违规取消考核				从总分中扣除
12	考核时限	在规定时间内完成操作		到时间停止操作考核				
		合计	100					

三、答案

(一) 单项选择题

1. B   2. C   3. D   4. A   5. A   6. C   7. B   8. A   9. B   10. D   11. D
12. A 13. A 14. B 15. B 16. D 17. C 18. D 19. A 20. A 21. A 22. C
23. C 24. A 25. A 26. C 27. A 28. C 29. B 30. A 31. A 32. A 33. C
34. C

(二) 多项选择题

1. ABD   2. ABCD   3. BCD   4. ABCD   5. ABCD

(三) 判断题

1. √　2. ×　管束车卸气前如发现问题,必须在处理好问题后再进行下一步作业。　3. √
4. √　5. √　6. √　7. √　8. √　9. √　10. √　11. √　12. √　13. √　14. √　15. √
16. ×　卸气结束后,从管束车取下的快装接头需要放回卸气柱枪盒内。　17. ×　再次使用卸气柱时,应先排净软管中的空气,以保证充入的天然气纯度。

第五章　压缩天然气加气设备的维护保养

加气站在建设和设备安装完成后首先需要进行试运行,试运行通过后,在当地政府安全生产监督管理部门办理备案手续后方可投入使用。在使用过程中必须清楚地了解加气站加气设备的操作方法与意外事件的处理方法,以保证任何情况下的人身和设备安全。加气设备在使用过程中必须按照使用说明进行定期维护保养,并按期进行消耗品的更换,以保证设备处于高效、良好、安全的运行状态。

第一节　设备的吹扫和置换

一、操作、修护人员的配备和技术培训

由生产单位、设备厂家的技术人员对即将上岗的操作人员和维护人员进行设备、工艺、电气、仪表、安全等方面的理论知识与实际操作技能的上岗前系统培训,使其熟悉工艺流程和运行参数,能单独处理设备及整个系统运行过程中出现的问题。所有上岗人员必须经考试合格后方可上岗。

二、工具、用具及消防器材的准备

GBC005 工器具的准备

加气站投产过程中使用的工具必须防爆,消防灭火器材必须按照站内设计要求的数量和规格进行配备,并放置到规定地点。

三、压力表、温度表及安全阀的调校

GBC006 仪器仪表的调校

站内所有压力表、温度表及安全阀按要求进行检验和调校,站内压力表的检定周期为半年,安全阀的检定周期为一年。计量检定部门应对加气站的可燃气体报警装置进行测试和调校,直至合格。

四、工艺管线焊缝检查、吹扫、压力试验及严密性试验

(一)现场设备、管道焊缝外观质量检查

GBC007 管道检查

现场设备和管道焊缝由质检主管部门按现行国家标准《现场设备、工业管道焊接工程施工规范》(GB 50236—2011)要求的质量等级负责检查。焊缝经检验发现的缺陷超出设计文件和国家标准的有关规定时,必须进行返工或换管重新焊接。经检验的管道焊缝应在竣工图上标明位置、编号和焊工代号,并填写存档资料。

GBC009 管道焊缝质量检验

检验焊接接头前,应按检验方法的要求对焊接接头的表面进行相应处理。焊缝外观应成型良好,宽度以每边盖过坡口边缘2mm为宜。角焊缝的焊脚高度应符合设计规定,外形应平缓过渡。

焊接接头表面的质量应符合下列要求:

(1)不允许有裂纹、未熔合、气孔、夹渣、飞溅存在。

(2)设计温度低于-29℃的管道、不锈钢和淬硬倾向较大的合金钢管焊缝表面,不得有咬边现象。其他材质管道焊缝咬边深度不应大于0.5mm,连续咬边长度不应大于100mm,且焊缝两侧咬边总长不大于该焊缝全长的10%。

(3)焊缝表面不得低于管道表面。焊缝余高Δh:对于100%射线检测焊接接头,$\Delta h \leq 1+0.1b_1$且不大于2mm;其余的焊接接头,$\Delta h \leq 1+0.2b_1$且不大于3mm,b_1为焊接接头组对后坡口的最大宽度,单位为mm。   GBC010 管道焊缝质量要求

管道焊接接头无损检测后焊缝缺陷等级的评定,应符合现行《压力容器无损检测》(JB/T 4730.1—2005)的规定。

射线透照质量等级不得低于AB级。焊接接头经射线检测后的合格等级应符合《石油化工有毒、可燃介质钢制管道工程施工及验收规范》(SH 3501—2011的规定)。

超声检测时,管道焊接接头经检测后的合格标准:规定进行100%超声检测的焊接接头Ⅰ级合格;局部进行超声检测的焊接接头Ⅱ级合格。磁粉和渗透检测,Ⅰ级合格。   GBC011 管道焊缝等级评价

(二)管道、设备吹扫

管道、设备吹扫应参照工艺流程,按单体设备、管道系统分段进行。在制造厂已完成吹扫和压力试验并附有资质部门检验的压缩机、泵、加气机、储气罐等有关容器设备,现场不再进行吹扫和压力试验,在对管道进行吹扫和压力试验时,应用盲板或采取其他措施将其隔开。吹扫前应将安全阀、调压阀、止回阀、仪表等拆除,扫吹结束后复位。空气吹扫压力不得超过设计压力,压缩天然气系统的吹扫压力设置为0.6MPa即可。空气吹扫时,在排气口用白布或涂白漆的靶子检查,若连续在10min内检查其上无铁锈、尘土、水分或其他脏物,则为合格,吹扫过程中做好记录。   GBC008 管道吹扫

管道系统压力试验合格后进行吹扫,吹扫可采取人工清扫、水冲洗、空气吹扫等方法。公称直径大于600mm的管道,宜用人工清扫;公称直径小于600mm的管道,宜用洁净水或空气进行冲洗或吹扫。对管道系统用水冲洗时,宜以最大流量进行冲洗,流速不得小于1.5m/s;对管道系统用空气吹扫时,宜利用生产装置的大型压缩机和储气罐进行间歇性吹扫,吹扫时应以最大流量进行,空气流速不得小于20m/s。   GBC012 管道吹扫方法

管道系统吹扫前,应编制吹扫方案,经审查批准后,向参与吹扫的人员进行技术交底。

管道系统吹扫前,应符合下列要求:

(1)不应安装孔板、法兰连接的调节阀、节流阀、安全阀、仪表件等。对已焊在管道上的阀门和仪表,应采取相应的保护措施。

(2)不参与系统吹扫的设备及管道系统,应与吹扫系统隔离。   GBC013 管道吹扫前要求

(3)管道支架、吊架要牢固,必要时应予以加固。

管道吹扫注意事项如下:

(1)吹扫时,操作阀由总指挥指定专人操作,其他人不经指挥同意,不得随便动操作阀。

(2)吹扫时,必须合理设置排放点,并经核对无误后,方可开始吹扫。

(3)吹扫排出口的周围要采取防护措施,挂上明显的标志牌,无关人员不得进入工作区域。

(4)吹扫过程中,要不断进行检查,观察管路沿线有无不正常现象,一旦发现异常,应立即停止吹扫,待隐患彻底消除并经确认后方可继续进行吹扫。

(5)安装排气或水临时管道时要考虑振动和压力,管道及焊接口等一定要像正式管道那样具有足够的强度,并且应可靠固定。

GBC014 管道吹扫注意事项

(6)吹扫开始前,应通知排出口周围工作的人员离开危险区,防止发生人身安全事故。

(7)经吹扫合格的管道系统,应及时恢复原状,并填写管道系统吹扫记录。

(三)压力试验

压力试验按单体设备、管道系统分段进行。加气设备强度试验压力取值为1.25倍的设计压力,管道强度试验压力取值为1.5倍的设计压力,当设计图纸有要求时,按照设计图纸要求进行试验。试验介质采用洁净水。强度试验时,环境温度应高于5℃,低于5℃时应采取防冻措施。强度试验时,设备和管道上的安全阀等仪表元件应拆下或采取有效隔离措施。强度试验注水时,应排净试验设备和管道内的空气。强度试验应按几个压力段分步骤进行:压力升至试验压力的50%时,保持15min并进行检查,确认无渗漏、无异常情况后方可继续升压;压力升至试验压力的90%时,保持15min进行检查,确认无渗漏、无异常情况后方可继续升压;压力升至试验压力,保持30min,然后将压力降至设计压力并进行检查,确认无渗漏、无异常情况后为合格。压力试验过程中发现泄漏时不得带压处理,清除缺陷后应重新进行试验。压力试验合格后泄压应缓慢进行,压力试验过程中应做好记录。

GBC015 加气设备压力试验

(四)严密性试验

严密性试验时,安全阀等仪表元件应安装复位。严密性试验压力取值为1.15倍的设计压力,介质为空气。试验按几个压力段分步骤进行:压力升至0.2MPa后,保持10min并进行检查,确认无渗漏、无异常情况后方可继续升压;压力升至试验压力的50%时,保持10min进行检查,确认无渗漏、无异常情况后方可继续升压;以后按试验压力的10%逐级升压,每级稳压5min,直至达到试验压力。停压时间应根据查漏情况而定,以发泡剂检验不泄漏为合格。严密性试验重点检验阀门填料函、法兰或螺纹连接处、放空阀、排污阀、软管连接等处。

GBC016 加气设备严密性试验

五、子站拖车和车载储气瓶新瓶的置换操作

(一)子站拖车的置换操作

(1)子站拖车钢瓶里原有气体是氮气,首先要进行天然气置换。子站拖车的置换操作在母站进行。

GBC017 管束车置换操作

(2)拖车停稳后,打开后仓门,接好静电接地线。观察拖车钢瓶的压力表,压力表指示应基本一致,如果出现压差超过2MPa,则需要用检漏仪仔细检查压力较低的钢瓶,防止出现泄漏现象。

(3) 依次缓慢开启拖车的 8 个瓶阀,再开启加气主阀,将瓶内的氮气向大气中排放,直至气体压力降到 0.5MPa 左右时,关闭主阀。

(4) 按照"车用加气站操作员初、中级"教材中母站加气操作的步骤连接好加气软管与加气主阀,做好加气前的准备工作。

(5) 按下加气机控制面板上的"加气"键,缓慢打开加气球阀,加气机开始向子站拖车加气。气瓶压力达到 2～4MPa 时,按下"停止"键同时关闭加气球阀,缓慢打开加气机的排气球阀,将瓶内的气体放散并在加气机排气口处测量含氧量,含氧量小于 2% 时,置换合格,子站拖车可以试运。

(二)车载储气瓶新瓶的置换操作

使用车载储气瓶新瓶或气瓶进入空气时,应对瓶内空气进行"置换"。置换时,最好到气瓶检测站用氮气进行置换,如果实施有困难,也可将天然气充入气瓶使气瓶压力达到 0.5～0.6MPa,然后放气减压至 0.2～0.3MPa,反复 3 次,才能达到置换要求。

GBC018 车载储气瓶的置换操作

气瓶进行置换后,第一次充装天然气的压力不得超过 5MPa,经检查确认无泄漏或其他异常情况后再加气到额定工作压力 20MPa。

当天然气压力低于 1MPa,温度为 10～20℃ 时,在工程上可视为理想气体。实际工程中,在理想气体状态方程中引入考虑气体压缩性的压缩因子 Z(压缩因子 Z 随温度和压力而变化),可以得到实际气体状态方程:

$$pV = ZnRT \quad (5-1)$$

式中 p——气体的绝对压力,Pa;
V——气体的体积,m³;
n——气体物质的量,mol;
Z——压缩因子;
R——气体常数,J/(mol·K);
T——气体的热力学温度,K。

GBC019 车载储气瓶充装量理论介绍

根据式(5-1)可知压缩天然气在 20MPa 时的体积约为标准状态下同质量天然气的 1/200,因此,在计算 20MPa 压力下气瓶充装的天然气体积时,可用简化公式:

$$V_1 \approx 200 V_0 \quad (5-2)$$

GBC020 气瓶充装气量计算

式中 V_1——气瓶充装的天然气体积,m³;
V_0——气瓶的体积,m³。

例如,绝大部分轿车装的都是 65L 或 70L(1L = 0.001m³)的缠绕瓶,以 70L 的气瓶为例,则可计算出其空瓶时可以充装多少立方米的天然气。

根据式(5-2)得:

$$V_1 \approx 200 \times 70 \times 0.001 = 14(m^3)$$

由此得出 70L 的气瓶大约充装压缩天然气 14m³。

第二节 加气设备的日常维护及检定

一、加气设备维护保养制度

GBC021 加气站设备维护保养制度

(1)操作人员必须严格遵守操作规程,正确使用和维护好设备,坚持清洁、润滑、调整、紧固、防腐的"十字"作业方针,严禁设备超温、超压、超负荷及带病运行。

(2)操作人员应严格执行设备润滑管理制度,做好润滑"五定",即定质、定量、定时、定人、定点工作,坚持"三级过滤"制度。

(3)操作人员除做好设备日常维修保养工作外,还应加强技术学习与岗位练兵活动,做到"四懂",即懂结构、懂原理、懂用途、懂性能;"三会",即会操作、会维修、会排除故障。

(4)当班人员应定时对各部位的温度、压力、运行情况等进行检查,做好运转记录。

(5)严格执行交接班制度。交班时,应将设备运转情况交接清楚,并做好设备润滑与清洁卫生工作,填好运行记录。

二、加气机的维护

(一)日常维护

GBC022 加气机的日常维护

(1)保持加气机的清洁,对外壳及各部件上聚集的灰尘、污垢等应定期清除。

(2)定期检查加气机的管道连接处有无渗漏,可用肥皂水喷洒在各接头处,观察肥皂水有无起泡。检查完后应用棉纱或毛巾等擦拭干净或用专用检漏仪器测试。

(3)定期清洗过滤器,在加气机初装时,清洗的间隔时间应短一些,建议每天清洗;使用3个月后,间隔时间可延长。

(4)每天加气机停止使用时,应排空高压软管中的气体,防止软管长期处于受压状态,可以有效延长软管寿命。

(5)在加气机的巡检过程中,应对其过滤器、单向阀、电磁阀、质量流量计、拉断阀、加气软管、加气枪做单一对应巡检。如在进行加气软管检查时,注意查看软管与接头结合处是否有损坏、增强层外漏、弹簧防护件丢失或脱离接口等,以及是否有接口或弹簧防护件显示出滑动或松脱现象。巡检时应定期组织检测压缩天然气的露点,应达到国家对压缩天然气的气质要求。

GBC023 加气机的巡检要点

(6)在拆卸、清洗加气机时,应先关闭加气机进气口球阀,排空加气机管道内的气体,特别注意单向阀出口端的气体排放。

(7)当使用自备发电机给加气机提供电源时,在启动发电机前,必须先切断加气机的电源,以避免发电机启动时的峰值电压损毁加气机的电气部分,待发电机供电平稳后,方可给加气机供电。

(8)在维修、拆卸加气机的电气部件时,必须切断加气机的电源,悬挂禁止合闸警示牌。

(9)定期对加气软管组件进行工作压力试验,用检漏剂检漏。

(10)用万用表检查加气软管组件总的阻抗不超过 $5M\Omega$。

(11)检查软管组件是否有局部变软、凸起、气孔、切痕、裂缝或可能导致软管加强层外露的破损。

(12)检查接头处是否有松脱、滑动及泄漏现象。

(二)常见故障及排除方法

加气机常见故障及产生原因与排除方法见表 5-1。

GBC024 加气机常见故障与排除方法

表 5-1 加气机常见故障及产生原因与排除方法

故障现象	产生原因	排除方法
IC 卡键盘不显示	掉电或电压过低	检查输入 220V 电源
按复显键无显示	电脑蓄电池电压过低	检查并更换蓄电池
加气不计数	质量流量计信号不正常	检查质量流量计传感线路插件是否连接
无法读取累计	累计存储器损坏	更换累计存储器
按键无效	键盘上集成电路故障	检查线路插件,更换键盘电路板
	主板故障	更换主板
打开枪阀,未按加气键就开始加气,电脑不计数	电磁阀关闭不严	检修电磁阀阀芯密封件有无损坏,排除残渣
	电磁阀被冰堵	擦干阀芯及阀体
汽车钢瓶加气压力不足,加气速度明显缓慢	加气站气库压力不足	检查加气站压缩机出口压力
	过滤器被堵塞	清洗过滤器
	拉断阀冰堵	清洗拉断阀
加气时常爆枪头密封圈(针对插销式枪头)	密封圈质量不好或规格不合适	选用质量较好的密封圈
	汽车车瓶加气口磨损严重 枪头磨损严重	规格为 $\phi7.5mm$(内径)$\times 1.8mm$ 建议更换瓶阀 更换枪头
参数显示异常,并设置不能保存	参数具有防更改功能,与旧的系统参数不能兼容	对参数初始化
加气过程不限压或者限压不准确	压力传感器故障	检查压力传感器电源和设置
	限压值设置过低	调整限压值
存储器满,请联机传送数据	加气机记录长期未传送到上位机,导致存储空间满	使加气机正确连接到上位机系统,打开 IC 卡站级监控系统,记录将自动上传
系统时钟错误	系统时钟发生偏差	重新从上位机下载时间或通知维修人员检查故障
错卡	加气结束后,扣款未成功,产生了灰卡	该灰卡下次加气时将自动解灰

三、加气机检定

(一)检定项目

GBC025 加气机检定项目

加气机在进行检定前,先进行外观检查,加气机应有相应铭牌,铭牌上应注明制造厂、产品名称及型号、制造日期、出厂编号、流量范围、准确度、额定工作压力、电源电压、MC标志及制造许可证编号、防爆合格证编号、防爆标志与 Ex 标记等,应配置完整,表面涂漆均匀,不得有起皮、脱落锈蚀等现象,还应有使用说明书与技术要求和使用条件,并在文件中注明有关参数(如脉冲系数等)。

加气机现场检定应按《压缩天然气加气机》(JJG 996—2012)计量检定规程要求进行。加气机现场检定如图 5-1 所示。

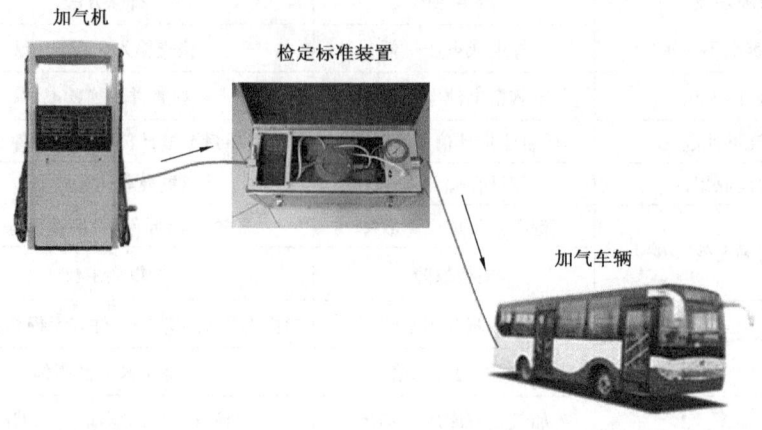

图 5-1 加气机现场检定图

加气机现场检定项目见表 5-2。

表 5-2 加气机现场检定项目

检定项目	指标	备注
流量计检查	铅封完整	
电子计控器检查	铅封完整	
辅助装置检查	符合标准要求	
限压传感器试验	加气车辆压力达到 19.5~20MPa 时,加气机应能自动停止加气	
密封性试验	将加气机管道压力升高至不低于 21MPa,关闭加气机所有进、出口阀门,保压 5min,压力指示下降不超过 0.2MPa	
示值误差	最大允许误差不超过 ±1.0%	
重复性	不超过 0.5%	按流量区检定

(二)检定方法及比较

GBC026 加气机检定方法

加气机的检定方法有两种,一是质量检定法,二是标准表检定法。

1. 质量检定法

采用质量检定法检定时,将加气机连接到计量储气瓶,用电子天平称量加气机的加气质量,然后按公式(5-3)计算被检加气机示值误差。质量检定法检定加气机原理图如图5-2所示。

$$E_\mathrm{m} = \frac{m_\mathrm{j} - m_\mathrm{c}}{m_\mathrm{c}} \times 100\% \qquad (5-3)$$

式中 E_m——加气机的质量相对误差,%;

m_j——加气机质量示值,kg;

m_c——标准装置实际质量值,kg。

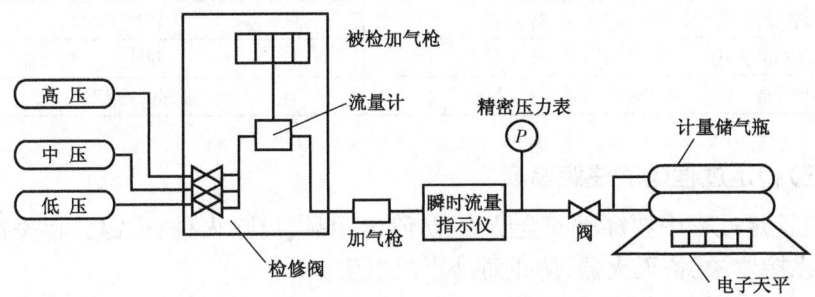

图5-2 质量检定法检定加气机原理图

2. 标准表检定法

采用标准表检定法时,连接加气机到计量储气瓶,用标准表计量加气机的加气量,然后按式(5-4)计算被检加气机示值误差。标准表检定法检定加气机原理图如图5-3所示。

$$E_\mathrm{V} = \frac{V_\mathrm{j} - V_\mathrm{c}}{V_\mathrm{c}} \times 100\% \qquad (5-4)$$

式中 E_V——加气机的体积相对误差,%;

V_j——加气机的体积值,m^3;

V_c——标准表的体积值,m^3。

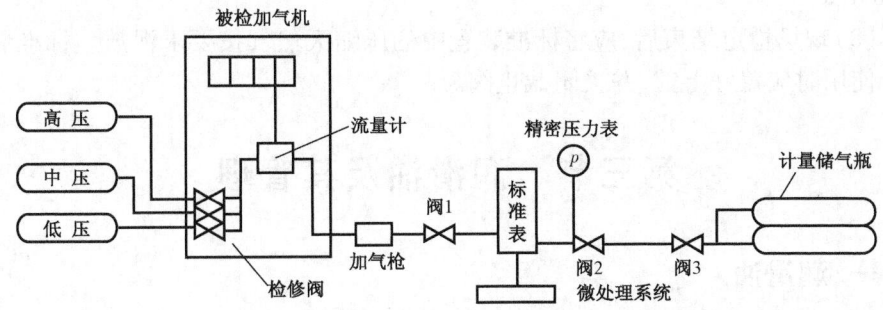

图5-3 标准表检定法检定加气机原理图

3. 检定方法比较

加气机检定方法比较见表5-3。

表5-3 加气机检定方法比较

比较项目	标准表检定法	质量检定法
检定用标准	0.2级标准流量计	电子天平(最大量程50kg,分辨力0.5g)
检定用配套设备	精密压力表0~40MPa,不低于0.4级	精密压力表0~40MPa,不低于0.4级 计量储气瓶(满足压力容器要求且水容量不小于50L)
检定后介质排放方式	直接加进天然气汽车的储气瓶中使用	按规程要求排放
计量标准稳定性	较差	较好
受密度影响的大小	较大	较小
标准溯源	质量—砝码	质量—砝码

(三)检定过程中的注意事项

(1)检定过程中要穿戴安全防护、防静电用品,消除火种、火源。相关检定设备应可靠接地,配备灭火器,防止意外事故发生。

(2)检定使用的标准装置经计量检定合格,并在有效期内方可使用。

(3)将加气机的加气枪与标准装置的进气口连接牢固,并缓缓打开加气机的加气枪开关,检查是否漏气(此时应保证检定装置的加气枪开关处于关闭状态)。

(4)将标准装置的加气枪与车用燃气装置的加气接口牢固连接,缓缓打开加气枪开关,检查是否漏气(此时应保证车用燃气装置的进气阀门开关处于关闭状态)。

(5)被检加气机的密度和脉冲系数更改要有密码保护,不能随意更改,并在检定记录中记录当前加气机显示的密度和脉冲系数。在每次检定前都要依据上一次检定记录中记录的脉冲系数进行核查,检查是否有人为更改的痕迹。

(6)完成检定前的准备工作后,注意在高压区检定前将检定装置的流量计清零。

(7)车用燃气装置加满燃气后应观察标准装置的压力表,其显示值不应超过20MPa。

(8)现场检定结束后,应将标准装置中的压缩天然气按要求泄放。标准装置在未使用时应盖好上盖,并关闭截止阀。

第三节 润滑油及其管理

一、润滑油

润滑油的原料都是由基础油和添加剂组成的,基础油又分矿物油和合成油。润滑油在机械中的作用主要是降低摩擦和减缓磨损,以保证机械有效和长期地工作;其次起冷却作用,能将机械摩擦时产生的热量带走,保持一定的热平衡状态,防止因温度不断升高损坏零件;此外还有防护、密封及清洗作用。

润滑在压缩机运行中起着非常重要的作用。压缩机运动部件润滑包括机身部分传动件的润滑和气缸部分的润滑两方面,均采取强制润滑。

GBB027 润滑油的概念

二、润滑油管理

润滑油是石油化工产品中品种牌号最多、使用范围很广泛的一类,同时润滑油又是一种技术密集型的产品。只有搞好润滑油管理,正确使用润滑油,才能发挥润滑油的技术性能,保证设备正常运转,延长设备寿命,节约润滑油料,节约能源,提高经济效益和社会效益。在润滑油的使用和管理过程中还要注意做好以下工作。

(一)润滑油的选用

润滑油的选用是润滑油使用的首要环节,是保证设备合理润滑和充分发挥润滑油性能的关键。

1. 选用润滑油应考虑的要素

(1)机械设备实际使用时的工作条件即工况。

(2)机械设备制造厂商说明书的指定或推荐。

(3)润滑油制造厂商的规定或推荐。

GBB028 润滑油的选用

2. 润滑油性能指标的选定

(1)黏度:黏度是各种润滑油分类分级的参考指标,对质量鉴别和确定有决定性意义。设备用润滑油黏度选定依设计或计算数据查有关图表来确定。

(2)倾点:倾点是间接表示润滑油储运和使用时低温流动性的指标。经验证明,一般润滑油的使用温度必须比倾点高 5~10℃。

(3)闪点:闪点是表示润滑油储运及使用安全的指标,同时也作为生产时控制润滑油馏分和挥发性的衡量指标。润滑油闪点指标规定的原则是按安全规定留 1/2 安全系数,即比实际使用温度高 1/2。如内燃机油底壳油温最高不超过 120℃,因而规定内燃机油闪点最低 180℃。

(4)性能指标的选定:润滑油性能指标比较多,不同品种差距悬殊,应综合设备的工况、制造厂商要求和油品说明及介绍合理决定,努力做到既满足润滑技术要求又经济合理。

GBB029 润滑油的性能指标

(二)润滑油的代用

(1)不同种类的润滑油各有其使用性能的特殊性或差别。因此,要求正确合理选用润滑油,避免代用,更不允许乱代用。

(2)润滑油代用的原则如下:

① 尽量用同一类油品或性能相近的油品代用。

② 黏度要相当。代用油品的黏度不能超过原用油品的 ±15%。应优先考虑黏度稍大的油品进行代用。

③ 质量以高代低。

④ 选用代用油时还应注意考虑设备的环境温度与工作温度。

(三)润滑油的混用

(1)不同种类牌号、不同生产厂家、新旧油应尽量避免混用。下列油品绝对禁止混用：

① 军用特种油、专用油料不能与别的油品混用。

② 有抗乳化性能要求的油品不得与无抗乳化性能要求的油品相混。

③ 抗氨汽轮机油不得与其他汽轮机油相混。

④ 含 Zn 抗磨液压油不能与抗银液压油相混。

⑤ 齿轮油不能与蜗轮蜗杆油相混。

(2)下列情况可以混用：

① 同一厂家同类质量基本相近产品。

② 同一厂家同种不同牌号产品。

③ 不同类的油品,如果知道对混的两组分均不含添加剂。

④ 不同类的油品经混用试验无异常现象及无明显性能改变的。

(3)内燃机油加入添加剂的种类较多、数量较大,性能不一,不了解性能的油品的混用问题必须慎重,以免导致不良后果甚至设备润滑事故。

(四)润滑油污染的控制

润滑事故除因润滑油选用或使用不当外,主要是由于污染所致。

(1)污染润滑油的物质有尘埃、杂质和水分。

(2)污染度的控制对液压油、汽轮机油、静压油膜轴承油和高速轴承油的抗磨损性能十分重要。

(3)控制润滑油污染的措施如下：

① 储运润滑油品的容器必须清洁、密闭,且不与铜、锡等易于促进润滑油氧化变质的金属接触。

② 油品加入设备前要进行沉降、过滤处理,保证清净度达到五级以上。

③ 加油容器不可露置在大气中,尤其装油容器不可无盖。

④ 储存润滑油的油罐要定期清洗,及时排污。

⑤ 油罐或油箱上设空气过滤呼吸器,在加油口设 100 目以上的滤网和防尘帽,搞好各部分密封,在润滑系统适当部位设过滤器及排污阀。

(4)变压器油等电器用油对水分要求高,应尽量在天气干爽时换油。

(五)润滑油使用状态的监控

润滑油在使用过程中会逐渐老化变质,这是必然的规律。老化变质有两种情况:一种是正常的老化变质,另一种是因受水污染等异常因素的异常变质。进行润滑油使用状态监控,可及时掌握油品的技术状态,预防设备润滑事故发生,延长油品使用寿命。

润滑油使用状态监控的方法如下：

(1)抽查操作人员执行设备润滑"五定"规范标志。

(2)采样观察油品的外观情况,检查油品的颜色、透明度、气味等情况。

(3)定期进行黏度、闪点、水分、酸值(或碱值)等能反映油品质量变化的关键理化指标检测。

(4)没有实验室的可以进行水分爆音试验和斑迹试验等。

(5)用现代化仪器分析。如用红外光谱仪测定油中添加剂变化的情况,用铁谱仪或ICP发射光谱测定油中金属磨粒或元素变化。仪器分析快捷准确,对发电机组等大型关键设备的润滑管理有很重要的意义。

GBB031 润滑油使用状态监控

(六)润滑油的更换

润滑油使用一段时间后,由于本身的氧化以及使用过程中外来因素影响会逐渐变质,性能下降或改变,必须适时更换。

1. 换油时间的确定

(1)根据检验评定的结果确定换油时间,但目前困难的是还比较缺乏各种油品的报废标准。

(2)根据润滑油制造商和设备制造厂家的推荐结合实际使用经验定期更换。

2. 换油注意事项

(1)不要轻易做出换油决定,要设法延长油品的使用期。

(2)尽量结合检修期进行换油。

(3)换油时不要轻易报废,如油质尚好,可以稍加处理(如沉降过滤,去除水分杂质)后再用,或用于次要设备。废油要收集好,以利于今后再处理和防止污染环境。

3. 防止润滑油危害健康

许多石油产品对人体都有害,接触皮肤如不及时清洗干净,则轻者可能引起皮炎、疙瘩,重者发生皮疹或皮瘤;误入口内或吸入体内,轻者发生肠胃病或肺炎,重者可能导致癌症。因此极应注意不要把石油弄到食品上,不要吸入呼吸道里,也不要弄得满身是油或满地是油,这不但给国家造成浪费,而且有碍个人卫生。

动物试验证明,精制矿油润滑油的毒性较低,但加添加剂的润滑油的危害性增加而必须注意防护。即使新油无毒,在使用过程中变质和污染也会增加其危害性,因此要注意切勿沾染皮肤,尤其不可吸入或吃下。如不小心弄到身上,应立即用清水冲洗干净。换出来的润滑油已经变质,只能作为废油处理。对这些废油应妥善处理,以免造成环境污染。

(1)废油应收集起来统一处理;盛装润滑油的桶或瓶子不要随地乱丢,也应统一妥善处理,防止给环境造成不良影响。

(2)使用后的润滑油废油尤其含添加剂较多的润滑油品难以再生利用,但一般可以作为燃料油烧掉。

GBB032 润滑油的更换

三、润滑油管理规定

(一)管理职能

操作人员对本岗位设备润滑负责,按规定定期补加或更换润滑油(脂),严格执行设备润滑管理标准和"五定"(定人、定时、定质、定量、定点)、"三级过滤"(领油大桶倒提油桶,提油桶倒油壶,油壶倒设备)的规定,详细做好记录,维护好

GBB033 润滑油管理职能

润滑用具,严格专油专用;保持油杯、油标、油视镜的清洁和清晰,严格执行润滑方面的巡回检查制度和交接班制度,认真做好废油品的回收工作。

(二)润滑油(脂)的储存、保管和发放

润滑油库一般应储存 1～2 个月的油品油量。对常规油品采取计划采购方式,一般不储存,库房内要保持清洁、干燥、通风良好和必要的保温措施,要有消防措施,要设消防装置、消防器材和"严禁烟火"的标志。各种储存油的容器要保持清洁、干净、完好无损,附件齐全。每个容器应标明所盛油品的名称、牌号、入库时间,并做到分类、分组存放。油品必须经分析化验入库,并要妥善保管,防止变质,严禁露天堆放。润滑油储存期规定为 3 个月,超过 3 个月或油品倒罐时,要进行分析化验,对不合格的要进行加工处理,待合格后才能储存、使用。储存高黏度油的容器,应视具体情况设置加热设备,以保持油品的正常流动;严禁使用明火加热,以免油品变质或引起火灾。扭开或旋紧盛油容器时,应采用专用工具或专用扳手,严禁用其他铁件敲打或撞击。发油、领油人员应严格执行各项安全规定。

(三)器具管理与过滤标准

根据岗位用油情况,按岗位配齐应发的油器具。各种油器具应标记清晰,专具专用,定期清洗。油器具用后放回原处。操作岗位油器具应有专人管理,按班交接。使用润滑油做到"五定"和"三级过滤"。过滤时按规定配有良好的过滤网,并按规定检查清洗,发现缺陷及时处理。三级过滤网要符合规定:一级为 60 目,二级为 80 目,三级为 100 目。特种油品的三级过滤应按特殊规定执行。

(四)润滑油的使用要求

GBB034 润滑油管理规定

设备所用润滑油的规格、数量、润滑点、加油时间及换油周期,必须严格按有关规定执行。及时消除油品的跑、冒、滴、漏。正常使用的油箱要处于封闭状态,防止灰尘进入。主要设备换油时,应在设备管理员的监护下进行。严格执行各种油位标准。

高级工练习题及答案

一、理论知识试题

(一) 单项选择题(每题四个选项,只有一个是正确的,将正确的选项号填入括号内)

1. BB017　子站拖车钢瓶里原有气体是(　)，首先要进行天然气置换。
　　(A)空气　　　(B)氮气　　　(C)氢气　　　(D)氧气

2. BB017　子站拖车的置换操作在(　)进行。
　　(A)标准站　　(B)子站　　　(C)母站　　　(D)以上均可

3. BB018　车载储气瓶进行置换后，第一次充装天然气的压力不得超过(　)MPa。
　　(A)3　　　　(B)5　　　　(C)10　　　　(D)15

4. BB018　使用车载储气瓶新瓶或气瓶进入空气时，应对瓶内空气进行(　)。
　　(A)排空　　　(B)增压　　　(C)置换　　　(D)抽空

5. BB027　润滑油的原料都是由基础油和添加剂组成的，基础油又分矿物油和(　)。
　　(A)合成油　　(B)凝固油　　(C)航空油　　(D)气煤油

6. BB027　压缩机运动部件润滑包括机身部分传动件的润滑和气缸部分的润滑两方面，均采取(　)。
　　(A)注油润滑　(B)无油润滑　(C)强制润滑　(D)活动润滑

7. BB028　只有搞好润滑油(　)，正确使用润滑油，才能发挥润滑油的技术性能。
　　(A)过滤　　　(B)管理　　　(C)调研　　　(D)检测

8. BB028　润滑油选用时应考虑的因素是(　)。
　　(A)机械设备的使用年限
　　(B)机械设备的制造年限
　　(C)机械设备理论使用时的工作条件即工况
　　(D)机械设备实际使用时的工作条件即工况

9. BB029　一般润滑油的使用温度必须比倾点高(　)℃。
　　(A)2~5　　　(B)3~8　　　(C)4~8　　　(D)5~10

10. BB029　属于润滑油分类分级的指标，并对质量鉴别和确定有决定性意义的是(　)。
　　(A)黏度　　　(B)倾点　　　(C)闪点　　　(D)着火点

11. BB030　润滑事故除因润滑油选用或使用不当外，主要由于(　)所致。
　　(A)混用　　　(B)污染　　　(C)失效　　　(D)代用

12. BB030　油品加入设备前要进行沉降、过滤处理，保证清净度达到(　)以上。
　　(A)二级　　　(B)三级　　　(C)四级　　　(D)五级

13. BB031　进行润滑油(　)，可及时掌握油品的技术状态，预防设备润滑事故发生，延长油品使用寿命。
　　(A)过滤　　　(B)更换　　　(C)使用状态监控　(D)混用

14. BB031　关于润滑油使用状态监控的方法描述错误的是(　)。
　　(A)抽查操作人员执行设备润滑"五定"规范标志

(B)采样观察油品的外观情况
(C)检查油品的颜色、透明度、气味等情况
(D)不定期进行黏度、闪点、水分、酸值(或碱值)等关键理化指标检测

15. BB032 润滑油使用一段时间后,由于本身的氧化以及使用过程中外来因素影响会逐渐( )。
(A)变质　　　(B)变样　　　(C)变异　　　(D)变混

16. BB032 如果润滑油油质尚好,可以( )处理后用于次要设备。
(A)加油混用　(B)加水稀释　(C)沉降、过滤　(D)加工业盐

17. BB033 润滑油管理人员应严格执行设备润滑管理标准和( )的规定。
(A)"三定"、"四级过滤"　　(B)"五定"、"三级过滤"
(C)"三定"、"五级过滤"　　(D)"四定"、"三级过滤"

18. BB033 润滑油管理人员应严格执行润滑方面的巡回检查制度和交接班制度,认真做好( )的回收工作。
(A)废油品　　(B)混合油　　(C)新油品　　(D)优质油品

19. BB034 润滑油库一般应储存( )个月的油品油量。
(A)1~2　　　(B)1~3　　　(C)2~4　　　(D)2~6

20. BB034 润滑油的三级过滤网中一级为( )目。
(A)30　　　　(B)40　　　　(C)50　　　　(D)60

21. BC005 加气站投产过程中使用的工具必须( )。
(A)防雷　　　(B)防爆　　　(C)防水　　　(D)防火

22. BC005 消防灭火器材必须按照加气站内设计要求的( )进行配备。
(A)高低与规格　(B)数量与大小　(C)数量与规格　(D)高低与大小

23. BC006 加气站压力表的检定周期为( )。
(A)半年　　　(B)一年　　　(C)一年半　　(D)两年

24. BC006 加气站安全阀的检定周期为( )。
(A)半年　　　(B)一年　　　(C)一年半　　(D)两年

25. BC007 经检验的管道焊缝应在竣工图上( )并填写存档资料。
(A)标明位置　(B)编号　　　(C)焊工代号　(D)以上全是

26. BC007 管道焊缝经检验发现的缺陷超出设计文件和国家标准的有关规定时( )。
(A)必须进行返工或换管重新焊接　(B)无需处理
(C)先使用一段时间,视情况而定　(D)更改设计文件

27. BC008 管道、设备吹扫时,空气吹扫压力不得超过( )。
(A)设计压力　(B)工作压力　(C)整定压力　(D)起跳压力

28. BC008 压缩天然气系统的吹扫压力设置为( )MPa即可。
(A)0.2　　　(B)0.4　　　(C)0.6　　　(D)0.8

29. BC009 焊缝检验中,焊缝宽度以每边盖过坡口边缘( )mm为宜。
(A)2　　　　(B)3　　　　(C)4　　　　(D)5

30. BC009 角焊缝的焊脚高度应符合设计规定,外形应( )。
(A)拐角大　　(B)过渡紧急　(C)平缓过渡　(D)坡口加宽

31. BC010 焊缝表面不得低于管道表面。焊缝余高 Δh:对于除100%射线检测焊接接头,Δh

≤1 + 0.2b_1且不大于( )mm。
(A)2　　　　　(B)3　　　　　(C)4　　　　　(D)5

32. BC010　焊接接头表面的质量要求不包括( )。
(A)不允许有裂纹、未熔合存在
(B)焊缝表面可低于管道表面
(C)不允许有气孔、夹渣、飞溅存在
(D)设计温度低于 -29℃的管道、不锈钢和淬硬倾向较大的合金钢管焊缝表面，不得有咬边现象

33. BC011　管道焊缝缺陷等级的评定中，射线透照质量等级不得低于( )级。
(A)AB　　　　(B)AC　　　　(C)AD　　　　(D)AE

34. BC011　局部进行超声检测的焊接接头应以( )级为合格。
(A)Ⅰ　　　　 (B)Ⅱ　　　　(C)Ⅲ　　　　(D)Ⅳ

35. BC012　管道吹扫不采用( )方法。
(A)人工清扫　(B)水冲洗　　(C)空气吹扫　(D)自然风吹

36. BC012　公称直径大于600mm的管道，宜用( )。
(A)人工清扫　(B)水冲洗　　(C)空气吹扫　(D)蒸汽吹扫

37. BC013　管道系统吹扫前，应编制( )。
(A)操作手册　(B)高空作业方案　(C)室内作业方案　(D)吹扫方案

38. BC013　管道系统吹扫前准备工作不符合要求的是( )。
(A)对已焊在管道上的阀门和仪表，应采取相应的保护措施
(B)不应安装孔板、法兰连接的调节阀、节流阀、安全阀、仪表件等
(C)不参与系统吹扫的设备及管道系统，不需隔离
(D)吹扫前应向参与吹扫的人员进行技术交底

39. BC014　下列关于管道吹扫注意事项的说法正确的是( )。
(A)吹扫时，操作阀可随意操作
(B)吹扫时，必须合理设置排放点
(C)吹扫排出口的周围，不必采取防护措施
(D)吹扫时无关人员可以进入工作区域

40. BC014　经吹扫合格的管道系统，应及时恢复原状，并填写管道系统( )。
(A)吹扫记录　(B)排污记录　(C)流量记录　(D)压力记录

41. BC015　加气设备强度试验压力取值为( )的设计压力。
(A)1.15倍　　(B)1.20倍　　(C)1.25倍　　(D)1.5倍

42. BC015　加气管道强度试验取值为( )的设计压力，当设计图纸有要求时，按照设计图纸要求进行试验。
(A)1.15倍　　(B)1.20倍　　(C)1.25倍　　(D)1.5倍

43. BC016　加气设备严密性试验压力取值为( )的设计压力。
(A)1.15倍　　(B)1.20倍　　(C)1.25倍　　(D)1.5倍

44. BC016　对加气设备进行严密性试验时，安全阀等仪表元件应( )。
(A)全部拆下　(B)安装复位　(C)部分拆下　(D)部分复位

45. BC017　子站拖车钢瓶里原有气体是( )，首先要进行天然气置换。

(A)空气 　　　(B)氮气 　　　(C)氢气 　　　(D)氧气

46. BC017　子站拖车的置换操作在( )进行。
(A)标准站 　　(B)子站 　　　(C)母站 　　　(D)都可以

47. BC018　车载储气瓶进行置换后,第一次充装天然气的压力不得超过( )MPa。
(A)3 　　　　(B)5 　　　　(C)10 　　　　(D)15

48. BC018　车载储气瓶的新气瓶或气瓶进入空气时,应对瓶内空气进行( )。
(A)排空 　　　(B)增压 　　　(C)置换 　　　(D)抽空

49. BC019　当天然气压力低于( )MPa,温度为10~20℃时,在工程上可视为理想气体。
(A)1 　　　　(B)2 　　　　(C)3 　　　　(D)4

50. BC019　压缩天然气在20MPa时体积约为标准状态下同质量天然气的( )。
(A)1/100 　　(B)1/200 　　(C)1/300 　　(D)1/400

51. BC020　实际气体状态方程是( )。
(A)$pV=nRT$　(B)$pV=ZnRT$　(C)$p_1V_1=p_2V_2$　(D)$p_1V_2=p_2V_1$

52. BC020　压缩天然气在20MPa时的体积约为标准状态下同质量天然气的1/200,以70L的汽车气瓶为例,可计算出其空瓶时可以充装( )m^3的天然气。
(A)12 　　　(B)14 　　　(C)16 　　　(D)18

53. BC021　加气设备维护保养"十字"作业方针是( )。
(A)清洁、润滑、调整、紧固、防腐　　(B)清洁、润滑、调整、修理、防腐
(C)清洁、润滑、检查、紧固、防腐　　(D)排污、润滑、调整、紧固、防腐

54. BC021　加气设备润滑管理制度的"五定"指的是( )。
(A)定质、定量、定期、定责、定点　　(B)定质、定量、定时、定人、定点
(C)定质、定量、定时、定责、定点　　(D)定质、定量、定期、定人、定地

55. BC022　下列关于加气机日常维护说法错误的是( )。
(A)加气机应保持清洁
(B)过滤器应定期清洗
(C)在拆卸、清洗加气机时,应先关闭加气机进气口球阀,不必排空加气机管道内的气体
(D)应定期检查加气机的管道连接处有无渗漏

56. BC022　每天加气机停止使用时,应( )。
(A)切断电源　　　　　　　　(B)排空高压软管中的气体
(C)清洗过滤器　　　　　　　(D)排污

57. BC023　在对加气机巡检过程中,应对其过滤器、单向阀、电磁阀、质量流量计、拉断阀、( )、加气枪等做单一对应巡检。
(A)高压泵 　　(B)空气泵 　　(C)快装接头 　(D)加气软管

58. BC023　用万用表检查加气软管接地总组件电阻不超过( )MΩ。
(A)2 　　　　(B)3 　　　　(C)4 　　　　(D)5

59. BC024　加气机加气时常爆枪头,原因是( )。
(A)密封圈质量不好或规格不合适
(B)汽车车瓶加气口磨损严重
(C)枪头磨损严重

(D)以上都可能

60. BC024　汽车钢瓶加气压力不足,加气速度明显缓慢的原因是( )。
(A)加气站气库压力不足　　　　(B)过滤器被堵塞
(C)拉断阀有冰堵　　　　　　　(D)以上都有可能

61. BC025　加气机在检定前,应先进行( )。
(A)清洗　　　(B)外观检查　　　(C)消毒　　　(D)除尘

62. BC025　在现场对限压传感器检定试验时,加气车辆压力达到( )MPa时,加气机应能自动停止加气。
(A)18.5~19　　(B)19~19.5　　(C)19.5~20　　(D)20~21

63. BC026　属于加气机检定方法的是( )
(A)质量检定法　(B)流量检定法　(C)目测检测法　(D)比较检定法

64. BC026　采用( )检定时,将加气机连接到计量储气瓶,用电子天平称量加气机的加气质量,然后按公式计算被检加气机示值误差。
(A)标准表检定法　　　　　　　(B)密度检定法
(C)质量检定法　　　　　　　　(D)体积检定法

65. BC027　标准表检定法的检定标准是( )级标准流量计。
(A)0.1　　　(B)0.2　　　(C)0.5　　　(D)1.0

66. BC027　质量法检定加气机所用电子天平的最大量程是( )kg。
(A)10　　　(B)20　　　(C)50　　　(D)100

67. BC028　检定加气机使用的标准装置经计量检定合格,并在( )内方可使用。
(A)任何时间　(B)有效期　　(C)无效期　　(D)测量期

68. BC028　车用燃气装置加满燃气后应观察标准装置的压力表,其显示值不应超过( )MPa。
(A)18　　　(B)19　　　(C)20　　　(D)25

(二)多项选择题(每题四个选项,至少有两个是正确的,将正确的选项号填入括号内)

1. BB027　关于润滑油的描述正确的是( )。
(A)具有冷却作用　　　　　　　(B)保持设备一定的热平衡状态
(C)防止因温度不断升高损坏零件　(D)具有防护、密封及清洗作用

2. BB028　关于润滑油的混用说法正确的是( )。
(A)军用特种油、专用油料不能与别的油品混用
(B)齿轮油不能与蜗轮蜗杆油相混
(C)有抗乳化性能要求的油品可以与无抗乳化性能要求的油品相混
(D)同一厂家同种不同牌号产品可以混用

3. BB032　润滑油更换时需要注意的是( )。
(A)不要轻易做出换油决定,要设法延长油品的使用期
(B)尽量结合检修期进行换油
(C)换油时不要轻易报废
(D)废油要收集好,以利于今后再处理和防止污染环境

4. BC008　加气管道、设备吹扫前应将( )等部件拆除,扫吹结束后复位。
(A)调压阀　　(B)安全阀　　(C)止回阀　　(D)仪表

5. BC015　关于加气设备、管道压力试验说法正确的是(　　)。
　　(A)设备强度试验压力取值为1.25倍的设计压力
　　(B)管道强度试验压力取值为1.5倍的设计压力
　　(C)强度试验时,环境温度应高于8℃
　　(D)强度试验注水时,应排净试验设备和管道内的空气

6. BC016　关于设备的严密性试验,以下说法正确的是(　　)。
　　(A)严密性试验时安全阀等仪表元件可不安装复位
　　(B)严密性试验压力取值为1.15倍的设计压力
　　(C)严密性试验的介质为天然气
　　(D)严密性试验停压时间应根据查漏情况而定

7. BC021　关于加气站设备维修保养制度说法正确的是(　　)。
　　(A)操作人员必须严格遵守操作规程
　　(B)操作人员应做好设备日常维护保养工作
　　(C)操作人员应严格执行设备润滑管理制度
　　(D)操作人员应正确使用和维护好设备

8. BC023　关于加气机的维护说法正确的是(　　)。
　　(A)保持加气机的清洁,定期清除污物
　　(B)定期检查加气机有无泄漏
　　(C)在维修、拆卸加气机的电气部件时,必须切断加气机的电源
　　(D)加气设备对天然气的水露点没有要求,所以不需要检测水露点

9. BC025　属于加气机现场检定项目的是(　　)。
　　(A)流量计检查　　　　　　　　(B)限压传感器试验
　　(C)密封性试验　　　　　　　　(D)吹扫试验

10. BC026　加气机的检定方法包括(　　)。
　　(A)标准表检定法　　　　　　　(B)密度检定法
　　(C)质量检定法　　　　　　　　(D)体积检定法

11. BC027　有关加气机标准表检定法涉及的内容正确的是(　　)。
　　(A)0.2级标准流量计
　　(B)精密压力表0~40MPa,不低于0.4级
　　(C)检定后介质可以直接加进天然气汽车的储气瓶中使用
　　(D)计量标准稳定性较差

(三)判断题(对的画"√",错的画"×")

(　)1. BB017　子站拖车置换前不必接好静电接地线。

(　)2. BB018　储气瓶进行置换后,第一次充装天然气的压力不得超过规定值,经检查确认无泄漏或其他异常情况后,再加气到额定工作压力20MPa。

(　)3. BB027　润滑油在机械中的作用主要是降低摩擦和减缓磨损,以保证机械有效和长期地工作。

(　)4. BB028　润滑油的正确选用是保证设备合理润滑和充分发挥润滑油性能的关键。

(　)5. BB029　倾点是表示润滑油储运及使用安全的指标。

(　)6. BB030　储存润滑油的油罐要定期清洗,及时排污。

(　)7. BB031　润滑油老化变质有两种情况:一种是正常的老化变质;另一种是因受水污染等异常因素影响的异常变质。

(　)8. BB032　换出来的润滑油虽然变质,但可以加注次要设备继续使用。

(　)9. BB033　润滑油管理人员应维护好润滑器具,严格做到专油专用。

(　)10. BB034　主要设备换油时,可以不在设备管理员的监护下进行。

(　)11. BC005　消防灭火器材必须按照加气站内设计要求放置到规定地点。

(　)12. BC006　计量检定部门应对加气站的可燃气体报警装置测试和调校。

(　)13. BC007　加气管道焊缝检验的标准为《现场设备、工业管道焊接工程施工规范》(GB 50236—2011)。

(　)14. BC008　在制造厂已完成吹扫和压力试验并附有资质部门检验的压缩机、泵、加气机、储气罐等有关容器设备,现场还需再进行吹扫和压力试验。

(　)15. BC009　检验焊接接头前,应按检验方法的要求对焊接接头的表面进行相应处理。

(　)16. BC010　焊缝余高 Δh:对于100%射线检测焊接接头, $\Delta h \leq 1+0.1b_1$ 且不大于5mm。

(　)17. BC011　超声检测时,管道焊接接头经检测后的合格标准:规定进行100%超声检测的焊接接头以Ⅰ级为合格。

(　)18. BC012　公称直径小于800mm的管道,宜用洁净水或空气进行冲洗或吹扫。

(　)19. BC013　管道支架、吊架要牢固,必要时应予以加固。

(　)20. BC014　吹扫开始前,应通知排出口周围工作的人员离开危险区,防止发生人身安全事故。

(　)21. BC015　加气设备压力试验过程中,发现泄漏时不得带压处理;清除缺陷后应重新进行试验;压力试验合格后泄压应缓慢进行;压力试验过程中应做好记录。

(　)22. BC016　加气设备严密性试验介质为天然气。

(　)23. BC017　子站拖车置换前不必接好静电接地线。

(　)24. BC018　车载储气瓶进行置换后,第一次充装天然气的压力不得超过规定值,经检查确认无泄漏或有其他异常情况后,再加气到额定工作压力20MPa。

(　)25. BC019　实际工程中,在理想气体状态方程中引入考虑气体压缩性的压缩因子 Z(压缩因子随温度和压力变化而变化),可以得到实际气体状态方程。

(　)26. BC020　当天然气气压力低于1MPa,温度为10~20℃时,在工程上可视为理想气体。

(　)27. BC021　加气操作人员必须严格遵守操作规程,正确使用和维护好设备,严禁超温、超压、超负荷设备带病运行。

(　)28. BC022　当使用自备发电机给加气机提供电源时,严禁切断加气机的电源。

(　)29. BC023　要定期对高压软管组件进行工作压力试验,用检漏剂检漏。

(　)30. BC024　加气不计数时,应检查质量流量计传感线路插件是否连接牢固,有无损坏。

(　)31. BC025　加气机现场检定,对示值误差检定项目来说,要求最大允许误差不超过±0.5%。

(　)32. BC026　采用质量检定法检定加气机时,将加气机连接到储气瓶,用标准表计量加气机的加气量,然后按公式计算被检加气机示值误差。

(　)33. BC027　使用标准表检定法检定加气机后,介质排放要按照规程要求排放。

(　)34. BC028　现场检定结束后,应将标准装置中的压缩天然气按要求泄放,标准装置在未使用时应盖好上盖,并打开截止阀。

二、技能操作试题

(一) AB001 加气枪放空头漏气故障诊断及处理

1. 考核要求

(1) 必须穿戴劳保用品。
(2) 必要的工具、用具准备齐全。
(3) 掌握基本操作要领。
(4) 按要求完成操作项目,质量符合技术要求。
(5) 能够正确使用设备和工具、量具。
(6) 操作程序符合安全文明生产规定。

2. 准备要求

(1) 设备准备。

序号	名称	规格	数量	备注
1	加气机		1台	鉴定站准备

(2) 材料准备。

序号	名称	规格	数量	备注
1	阀件密封圈		4只	鉴定站准备
2	洗件油		200mL	鉴定站准备
3	钳工台		1台	鉴定站准备
4	台虎钳		1台	鉴定站准备
5	活动扳手		1套	鉴定站准备
6	螺丝刀		1套	鉴定站准备

(3) 工具、用具准备。

序号	名称	规格	数量	备注
1	防静电工服		1套	考生准备
2	防静电工鞋		1双	考生准备
3	线手套		1副	考生准备

3. 操作程序说明

(1) 准备工作。
(2) 加气枪放空头故障分析。
(3) 拆卸三通球阀。
(4) 清洗加气机三通球阀。
(5) 检查并更换密封填料。
(6) 组装、调整。

4. 考核规定说明

(1) 如操作违章,将停止考核。

(2)考核采用百分制,考核项目得分按鉴定比重进行折算。

(3)考核方式说明:该项目为实际操作题,考核过程按评分标准及操作过程进行评分。

(4)测试技能说明:本项目主要测试考生对加气枪放空头漏气故障诊断及处理操作掌握的熟练程度。

5. 考核时限

(1)准备时间:5min(不计入考核时间)。

(2)正式操作时间:45min。

(3)提前完成操作不加分,到时间停止操作考核。

6. 评分记录表

序号	考核内容	评分要素	配分	评分标准	检测结果	扣分	得分	备注
1	准备工作	选择工具、用具、材料;劳保用品穿戴齐全	5	少选、错选一件扣1分;劳保用品穿戴不齐全扣3分				
2	加气枪放空头故障分析	正确诊断出加气枪放空头的故障	10	未诊断出加气枪放空头故障扣10分				
3	拆卸三通球阀	要求拆解顺序正确	10	选用工具不当扣5分;拆解方法不当扣5分				
		拆卸零件整齐摆放	5	零件摆放不整齐扣5分				
4	清洗加气机三通球阀	清洗干净所有零件(橡胶除外)	10	不清洗或清洗不干净扣5分;清洗橡胶部件扣5分				
		零件摆放整齐	5	零件摆放不整齐扣5分				
5	检查并更换密封填料	检查已损坏的密封填料	5	未检查扣5分				
		更换已损坏的密封填料	10	未更换扣10分				
6	组装、调整	组装零件方向、位置正确	10	错装零件每件次扣5分				
		顺序正确,工具选用、使用正确	10	出现错误每件次扣5分				
		各运动部位扭紧力矩、间隙调整	10	阀杆与阀体间转动卡滞扣5分;调整后仍不符合要求扣5分				
		检验是否达到技术要求	10	未检验扣10分;调整后仍不符合技术要求扣5分				
7	安全文明操作	按国家或企业颁发有关安全规定执行操作		每违反一项扣2分;严重违规取消考核				从总分中扣除
		操作文明,尊重考评员和工作人员		每违反一项扣1分				
		清理场地		未清理场地扣2分				
8	考核时限	在规定时间内完成操作		到时间停止操作考核				
	合计		100					

(二) AB003 加气声音过大故障诊断及处理

1. 考核要求

(1) 必须穿戴劳保用品。

(2) 必要的工具、用具准备齐全。

(3) 掌握基本操作要领。

(4) 按要求完成操作项目,质量符合技术要求。

(5) 能够正确使用设备和工具、量具。

(6) 操作程序符合安全文明生产规定。

2. 准备要求

(1) 设备准备。

序号	名称	规格	数量	备注
1	加气机		1 台	鉴定站准备
2	检漏仪(或肥皂水)		1 台(若干)	鉴定站准备

(2) 材料准备。

序号	名称	规格	数量	备注
1	棉纱		适量	鉴定站准备
2	密封胶		适量	鉴定站准备
3	柴油		适量	鉴定站准备
4	开口扳手		1 套	鉴定站准备
5	卡簧钳		1 把	鉴定站准备
6	铁盆		1 个	鉴定站准备
7	毛刷		1 把	鉴定站准备

(3) 工具、用具准备。

序号	名称	规格	数量	备注
1	防静电工服		1 套	考生准备
2	防静电工鞋		1 双	考生准备
3	线手套		1 副	考生准备

3. 操作程序说明

(1) 准备工作。

(2) 故障诊断。

(3) 断电并关闭上游阀门。

(4) 放散。

(5) 拆卸电磁阀线圈和电磁阀。

(6) 拆卸电磁阀阀芯。

(7) 清洗电磁阀阀体、阀芯。

(8) 安装电磁阀和电磁阀线圈。

(9)检漏并测试。

(10)清理现场。

4. 考核规定说明

(1)如操作违章,将停止考核。

(2)考核采用百分制,考核项目得分按鉴定比重进行折算。

(3)考核方式说明:该项目为实际操作题,考核过程按评分标准及操作过程进行评分。

(4)测试技能说明:本项目主要测试考生对加气声音过大故障诊断及处理操作掌握的熟练程度。

5. 考核时间

(1)准备时间:5min(不计入考核时间)。

(2)正式操作时间:40min。

(3)提前完成操作不加分,到时间停止操作考核。

6. 评分记录表

序号	考核内容	评分要素	配分	评分标准	检测结果	扣分	得分	备注
1	准备工作	选择工具、用具、材料;劳保用品穿戴齐全	5	少选、错选一件扣1分;劳保用品穿戴不齐全扣3分				
2	故障诊断	根据加气时声音过大现象进行故障诊断	5	未诊断出电磁阀内有杂质扣5分				
3	断电并关闭上游阀门	关闭加气机总电源	5	电源未关闭扣5分				
		准确关闭相应阀门	5	关错阀门扣5分				
4	放散	正确进行放散	5	放散阀未全部开启或未匀速放散扣5分				
5	拆卸电磁阀线圈和电磁阀	确认断电后拆下电磁阀线圈	5	未确认断电扣5分				
		确认泄压后拆下电磁阀,旋向正确	10	未确认泄压扣5分;拆卸阀门旋向错误扣5分				
		清理连接管螺纹	5	清理不彻底扣5分				
6	拆卸电磁阀阀芯	正确拆下电磁阀阀芯	10	拆卸不正确扣10分				
7	清洗电磁阀阀体、阀芯	电磁阀阀体应清洗干净	5	阀体未清洗干净扣5分				
		电磁阀阀芯应清洗干净	5	阀芯未清洗干净扣5分				
8	安装电磁阀和电磁阀线圈	应正确安装电磁阀和电磁阀线圈:电磁阀阀芯安装应牢固,电磁阀线圈安装正确	10	电磁阀安装不牢固扣5分;电磁阀线圈安装不正确扣5分				
9	检漏并测试	缓慢打开上游阀门	8	未缓慢打开上游阀门扣8分				
		螺纹连接处无渗漏	7	螺纹连接处有渗漏扣7分				
		正确通电	5	未通电扣5分				
		检测电磁阀能否开启	5	电磁阀无法开启扣5分				

续表

序号	考核内容	评分要素	配分	评分标准	检测结果	扣分	得分	备注
10	清理现场	清理场地，收拾工具		未收、少收工具扣5分；场地不清洁扣5分				从总分中扣除
11	安全文明操作	按国家或企业颁发有关安全规定执行操作		每违反一项规定扣5分；严重违规取消考核				
12	考核时限	在规定时间内完成操作		到时间停止操作考核				
		合计	100					

（三）AC001 更换 IC 卡主板

1. 考核要求

（1）必须穿戴劳保用品。

（2）必要的工具、用具准备齐全。

（3）掌握基本操作要领。

（4）按要求完成操作项目，质量符合技术要求。

（5）能够正确使用设备和工具、量具。

（6）操作程序符合安全文明生产规定。

2. 准备要求

（1）设备准备。

序号	名称	规格	数量	备注
1	IC 卡主板		1 套	鉴定站准备

（2）材料准备。

序号	名称	规格	数量	备注
1	"十字"螺丝刀		1 把	鉴定站准备

（3）工具、用具准备。

序号	名称	规格	数量	备注
1	防静电工服		1 套	考生准备
2	防静电工鞋		1 双	考生准备
3	线手套		1 副	考生准备

3. 操作程序说明

（1）准备工作。

（2）断电。

（3）拆卸 IC 卡主板。

（4）安装新 IC 卡主板。

（5）通电并测试。

（6）清理现场。

4. 考核规定说明

(1)如操作违章,将停止考核。

(2)考核采用百分制,考核项目得分按鉴定比重进行折算。

(3)考核方式说明:该项目为实际操作题,考核过程按评分标准及操作过程进行评分。

(4)测试技能说明:本项目主要测试考生对更换IC卡主板操作掌握的熟练程度。

5. 考核时限

(1)准备时间:5min(不计入考核时间)。

(2)正式操作时间:30min。

(3)提前完成操作不加分,到时间停止操作考核。

6. 评分记录表

序号	考核内容	评分要素	配分	评分标准	检测结果	扣分	得分	备注
1	准备工作	选择工具、用具、材料;劳保用品穿戴齐全	10	少选、错选一件扣2分;劳保用品穿戴不齐全扣5分				
2	断电	关闭加气机总电源	10	电源未关闭扣10分				
3	拆卸IC卡主板	确认断电	10	未确认断电扣10分				
		拆卸IC卡主板	10	拆卸不正确扣10分				
4	安装新IC卡主板	新IC卡主板与原IC卡主板规格应一致	10	选择主板错误扣10分				
		接线应正确	10	接线不正确扣10分				
		主板安装应牢固	10	主板安装不牢固扣10分				
		主板安装正确	10	主板安装不正确扣10分				
5	通电并测试	正确通电	10	未通电扣10分				
		加气机应正常工作	10	加气机无法工作扣10分				
6	清理现场	清理场地,收拾工具		未收、少收工具扣5分;场地不清洁扣5分				从总分中扣除
7	安全文明操作	按国家或企业颁发有关安全规定执行操作		每违反一项规定扣5分;严重违规取消考核				
8	考核时限	在规定时间内完成操作		到时间停止操作考核				
	合计		100					

(四)AC005NGV加气枪拆装

1. 考核要求

(1)必须穿戴劳保用品。

(2)必要的工具、用具准备齐全。

(3)掌握基本操作要领。

(4)按要求完成操作项目,质量符合技术要求。

(5)能够正确使用设备和工具、量具。

(6)操作程序符合安全文明生产规定。

2. 准备要求

(1) 设备准备。

序号	名称	规格	数量	备注
1	NGV 加气枪		1 把	鉴定站准备

(2) 材料准备。

序号	名称	规格	数量	备注
1	开口扳手		1 套	鉴定站准备
2	内六角扳手		1 套	鉴定站准备
3	管钳		1 把	鉴定站准备
4	台虎钳		1 把	鉴定站准备
5	螺丝刀		2 把	鉴定站准备

(3) 工具、用具准备。

序号	名称	规格	数量	备注
1	防静电工服		1 套	考生准备
2	防静电工鞋		1 双	考生准备
3	线手套		1 副	考生准备

3. 操作程序说明

(1) 准备工作。

(2) 拆卸 NGV 枪头。

(3) 拆卸二位三通阀。

(4) 分解二位三通阀。

(5) 组装 NGV 枪头。

(6) 组装二位三通阀。

(7) 组装加气枪。

(8) 清理现场。

4. 考核规定说明

(1) 如操作违章,将停止考核。

(2) 考核采用百分制,考核项目得分按鉴定比重进行折算。

(3) 考核方式说明:该项目为实际操作题,考核过程按评分标准及操作过程进行评分。

(4) 测试技能说明:本项目主要测试考生对 NGV 加气枪拆装掌握的熟练程度。

5. 考核时限

(1) 准备时间:5min(不计入考核时间)。

(2) 正式操作时间:15min。

(3) 提前完成操作不加分,到时间停止操作考核。

6. 评分记录表

序号	考核内容	评分要素	配分	评分标准	检测结果	扣分	得分	备注
1	准备工作	选用工具、用具；劳保用品穿戴齐全	4	少选、错选一件扣1分；劳保用品穿戴不齐全扣2分				
2	拆卸NGV枪头	拆分枪头与枪身	4	拆卸程序及方法不符合规定扣4分				
			4	工具使用不正确扣4分				
			4	主件损坏扣4分				
3	拆卸二位三通阀	拆分二位三通阀与枪身	4	拆卸程序及方法不符合规定扣4分				
			4	工具使用不正确扣4分				
			4	主件损坏扣4分				
4	分解二位三通阀	分解部件有开关手柄、填料座金属垫片和金属圈、轴、阀芯	4	分解程序及方法不符合规定扣4分				
			4	工具使用不正确扣4分				
			4	部件损坏一项扣1分				
			4	主、配件分解有遗漏,遗漏一件次扣4分				
5	分解NGV枪头	分解部件有NGV枪头顶嘴和锁紧装置、连接套、接头体、内顶套、顶嘴弹簧、外开启套及弹簧	4	分解程序及方法不符合规定扣4分				
			4	工具使用不正确扣4分				
			4	部件损坏扣4分				
			4	主、配件分解有遗漏,遗漏一件次扣4分				
6	组装NGV枪头	组装部件有NGV枪头顶嘴和锁紧装置、连接套、接头体、内顶套、顶嘴弹簧、外开启套及弹簧	4	组装程序及标准不符合规定扣4分				
			4	工具使用不正确扣4分				
			2	枪头灵敏度未自检扣4分				
			4	主、配件组装有遗漏,遗漏一件次扣4分				
7	组装二位三通阀	组装部件有开关手柄、填料座金属垫片和金属圈、轴、阀芯	4	组装程序及方法不符合规定扣4分				
			4	工具使用不正确扣4分				
			2	开关手柄启闭未自检扣4分				
			4	主、配件组装有遗漏,遗漏一件次扣4分				

续表

序号	考核内容	评分要素	配分	评分标准	检测结果	扣分	得分	备注
8	组装加气枪	枪头、枪身、二位三通阀组装	4	组装程序及方法不符合规定扣4分				
			4	工具使用不正确扣4分				
			4	整枪安装不牢固扣4分				
9	安全文明操作	按国家或企业颁发有关安全规定执行操作		每违反一项规定扣2分;严重违规取消考核				从总分中扣除
		操作文明,尊重考评员和工作人员		每违反一项扣1分				
		清理场地		未清理场地扣2分				
10	考核时限	在规定时间内完成操作		到时间停止操作考核				
	合计		100					

(五) AC006 更换压力传感器

1. 考核要求

(1)必须穿戴劳保用品。

(2)必要的工具、用具准备齐全。

(3)掌握基本操作要领。

(4)按要求完成操作项目,质量符合技术要求。

(5)能够正确使用设备和工具、量具。

(6)操作程序符合安全文明生产规定。

2. 准备要求

(1)设备准备。

序号	名称	规格	数量	备注
1	压力传感器		1个	鉴定站准备
2	检漏仪(或肥皂水)		1台(若干)	鉴定站准备

(2)材料准备。

序号	名称	规格	数量	备注
1	密封胶		适量	鉴定站准备
2	开口扳手		1套	鉴定站准备

(3)工具、用具准备。

序号	名称	规格	数量	备注
1	防静电工服		1套	考生准备
2	防静电工鞋		1双	考生准备
3	线手套		1副	考生准备

3. 操作程序说明

(1)准备工作。

(2)断电并关闭上游阀门。

(3)放散。

(4)拆卸压力传感器。

(5)安装新压力传感器。

(6)通电、检漏并测试。

(7)清理现场。

4. 考核规定说明

(1)如操作违章,将停止考核。

(2)考核采用百分制,考核项目得分按鉴定比重进行折算。

(3)考核方式说明:该项目为实际操作题,考核过程按评分标准及操作过程进行评分。

(4)测试技能说明:本项目主要测试考生对更换压力传感器操作掌握的熟练程度。

5. 考核时限

(1)准备时间:5min(不计入考核时间)。

(2)正式操作时间:20min。

(3)提前完成操作不加分,到时间停止操作考核。

6. 评分记录表

序号	考核内容	评分要素	配分	评分标准	检测结果	扣分	得分	备注
1	准备工作	选择工具、用具、材料;劳保用品穿戴齐全	10	少选、错选一件扣2分;劳保用品穿戴不齐全扣5分				
2	断电并关闭上游阀门	关闭加气机总电源	5	电源未关闭扣5分				
		准确关闭相应阀门	5	关错阀门扣5分				
3	放散	正确进行放散	5	放散阀未全部开启或未匀速放散扣5分				
4	拆卸压力传感器	确认断电	10	未确认断电扣10分				
		正确拆卸压力传感器	10	拆卸不正确扣10分				
5	安装新压力传感器	新压力传感器与原压力传感器规格应一致	10	选择压力传感器错误扣10分				
		接线应正确	10	接线不正确扣10分				
		压力传感器安装应牢固	10	压力传感器安装不牢固扣10分				
		压力传感器安装应正确	10	压力传感器安装不正确扣10分				
6	通电、检漏并测试	正确通电	5	未通电扣5分				
		螺纹连接处无渗漏	5	螺纹连接处有渗漏扣5分				
		检测压力传感器能否正常工作	5	压力传感器无法工作扣5分				

续表

序号	考核内容	评分要素	配分	评分标准	检测结果	扣分	得分	备注
7	清理现场	清理场地,收拾工具		未收、少收工具扣5分;场地不清洁扣5分				从总分中扣除
8	安全文明操作	按国家或企业颁发有关安全规定执行操作		每违反一项规定扣5分;严重违规取消考核				
9	考核时限	在规定时间内完成操作		到时间停止操作考核				
	合计		100					

三、答案

(一)单项选择题

1. B　　2. C　　3. B　　4. C　　5. A　　6. C　　7. B　　8. D　　9. D　　10. A　　11. B
12. D　　13. C　　14. D　　15. A　　16. C　　17. B　　18. A　　19. A　　20. D　　21. B　　22. C
23. A　　24. B　　25. D　　26. A　　27. A　　28. C　　29. A　　30. C　　31. B　　32. B　　33. A
34. B　　35. D　　36. A　　37. D　　38. C　　39. C　　40. A　　41. C　　42. D　　43. A　　44. B
45. B　　46. C　　47. B　　48. C　　49. A　　50. B　　51. B　　52. B　　53. A　　54. B　　55. C
56. B　　57. D　　58. C　　59. D　　60. D　　61. D　　62. C　　63. A　　64. C　　65. D　　66. D
67. B　　68. C

(二)多项选择题

1. ABCD　　2. ABD　　3. ABCD　　4. ABCD　　5. ABD　　6. BD　　7. ABCD　　8. ABC
9. ABC　　10. AC　　11. AC

(三)判断题

1. ×　子站拖车置换前应接好静电接地线。　2. √　3. √　4. √　5. ×　闪点是表示润滑油储运及使用安全的指标。　6. √　7. √　8. ×　换出来的润滑油已经变质,只能作为废油处理。　9. √　10. ×　主要设备换油时,应在设备管理员的监护下进行。　11. √　12. √　13. √　14. ×　在制造厂已完成吹扫和压力试验并附有资质部门检验的压缩机、泵、加气机、储气罐等有关容器设备,现场不再进行吹扫和压力试验。　15. √　16. ×　焊缝余高 Δh:对于100%射线检测焊接接头,$\Delta h \leqslant 1+0.1b_1$ 且不大于2mm。　17. √　18. ×　公称直径小于600mm的管道,宜用洁净水或空气进行冲洗或吹扫。　19. √　20. √　21. √　22. ×　加气设备严密性试验介质为空气。　23. ×　子站拖车置换前必须接好静电接地线。　24. √　25. √　26. √　27. √　28. ×　当使用自备发电机给加气机提供电源时,在启动发电机前,必须先切断加气机的电源,以避免发电机启动时的峰值电压损毁加气机的电气部分,待发电机供电平稳后,方可给加气机供电。　29. √　30. √　31. ×　加气机现场检定,对示值误差检定项目来说,要求最大允许误差不超过±1.0%。　32. ×　采用质量检定法检定加气机时,将加气机连接到储气瓶,用电子天平称量加气机的加气质量,然后按公式计算被检加气机示值误差。　33. ×　使用标准表法检定加气机后,介质直接加进天然气汽车的储气瓶中使用。　34. ×　现场检定结束后,应将标准装置中的压缩天然气按要求泄放,标准装置在未使用时应盖好上盖,并关闭截止阀。

第六章　压缩天然气加气站的安全知识及应急预案

在对所有加气设备进行维护操作时,必须正确按各设备的维护保养规程操作,并牢固树立安全第一的概念。为避免故障或事故的发生,必须遵守加气站设备操作、维护手册中的相关规定。

第一节　加气站的安全措施、注意事项及安全检查

一、加气站的安全措施

（1）工作人员严禁带火种入场,一律按规定穿戴统一的劳保工服,胸前佩戴进站许可证。

（2）投产现场不得进行动火作业,若特殊情况必须动火,则必须经安全主管部门办理有关手续后方可进行。

（3）现场严禁堆放易燃易爆物品。

（4）各类车辆必须在指定地点停放,不得进入工作现场。

（5）投产期间采访人员严禁使用闪光灯、新闻灯,与工作无关人员谢绝入场。

（6）防静电、防雷击、接地装置进行100%检查测试,符合要求。

（7）按照设计要求配备足够有效的防火、防爆消防灭火器材并按规定就位。工作人员能熟练使用消防器材和消防设施,懂得安全知识。

（8）所有操作器械必须防爆。

（9）对所有动、静密封点进行检查,工作区域不漏油、不漏气。

（10）操作人员需持证上岗。

二、加气站的安全注意事项

（1）加气站的设备必须由身体健康、经过培训且考核合格的专业人员进行操作和维护。

（2）操作人员应穿防静电工作服,严禁带火种。

（3）设备操作人员在进行操作或维护时,务必缓慢开闭,严禁蛮力操作。各种快装接头拆卸时,需轻拿轻放,避免磕碰损伤。

（4）严禁敲击、碰撞瓶式压力容器。

（5）严禁在钢瓶瓶体上用火焰、等离子切割挖补或焊接修理。

（6）车载钢瓶内的气体不得用尽,容器内剩余压力不应小于1MPa。

三、加气站的安全检查及隐患整改

加气站应每周开展一次安全检查工作。对安全检查发现的不符合项要建立档案,管理实行销项制,由上级主管部门或单位负责或督促加气站落实改正。加

气站对检查发现的一般不符合项属于事故隐患整改项目的,要填写"不符合项/事故报告单",上报上级主管部门。

第二节　危险和危害因素的辨识

GAC003 危险、危害因素的概念

一、危险、危害因素的概念

危害是指可能造成人员伤害、财产损失、作业环境破坏的根源或状态。危险是指特定危险事件发生的可能性与后果的结合。总的说来,危险、危害因素是指能对人身造成伤亡、对物造成突发性损坏或影响人的身体健康导致疾病、对物造成慢性损坏的因素。

通常为了区别客体对人体不利作用的特点和效果,将这些不利因素分为危险因素(强调突发性和瞬间作用)和危害因素(强调在一定时间范围内的积累作用),有时对两者不加以区分,统称危险因素。

本章节所说的危险因素指的是危险、危害因素。

危险因素几乎无处不在,但在安全管理中更注重生产场所的危险识别,特别是重大危险因素的识别。

GAC004 危险、危害因素的分类

二、危险、危险因素的分类

对危险、危害因素进行分类,是为便于进行危险、危害因素分析。危险、危害因素的分类方法有许多种,这里简单介绍按导致事故和职业危害的直接原因进行分类的方法。

根据《生产过程危险和有害因素分类与代码》(GB/T 13861—2009)中的规定,将生产过程中危险、危害因素分为 5 类。

GAC005 物理性危险、危害因素

(一)物理性危险、危害因素

(1)设备、设施缺陷(强度不够、刚度不够、稳定性差、密封不良、应力集中、外形缺陷、外露运动件、制动器缺陷、控制器缺陷、设备设施其他缺陷)。

(2)防护缺陷(无防护、防护装置和设施缺陷、防护不当、支撑不当、防护距离不够、其他防护缺陷)。

(3)电危害(带电部位裸露、漏电、雷电、静电、电火花、其他电危害)。

(4)噪声危害(机械性噪声、电磁性噪声、流体动力性噪声、其他噪声)。

(5)振动危害(机械性振动、电磁性振动、流体动力性振动、其他振动)。

(6)电磁辐射(电离辐射:X 射线、γ 射线、α 粒子、β 粒子、质子、中子、高能电子束等;非电离辐射:紫外线、激光、射频辐射、超高压电场)。

(7)运动物危害(固体抛射物、液体飞溅物、反弹物、岩土滑动、料堆垛滑动、气流卷动、冲击地压、其他运动物危害)。

(8)能造成灼伤的高温物质(高温气体、高温固体、高温液体、其他高温物质)。

(9)能造成冻伤的低温物质(低温气体、低温固体、低温液体、其他低温物质)。

(10)粉尘与气溶胶(不包括爆炸性、有毒性粉尘与气溶胶)。

(11)作业环境不良(基础下沉、安全过道缺陷、采光照明不良、有害光照、通风不良、缺氧、空气质量不良、给排水不良、涌水、强迫体位、气温过高、气温过低、气压过高、气压过低、高温高湿、自然灾害、其他作业环境不良)。

(12)信号缺陷(无信号设施、信号选用不当、信号位置不当、信号不清、信号显示不准、其他信号缺陷)。

(13)标志缺陷(无标志、标志不清楚、标志不规范、标志选用不当、标志位置缺陷、其他标志缺陷)。

(二)化学性危险、危害因素

GAC006 化学性危险、危害因素

(1)易燃易爆性物质(易燃易爆性气体、易燃易爆性液体、易燃易爆性固体、易燃易爆性粉尘与气溶胶、其他易燃易爆性物质)。

(2)自燃性物质。

(3)有毒物质(有毒气体、有毒液体、有毒固体、有毒粉尘与气溶胶、其他有毒物质)。

(4)腐蚀性物质(腐蚀性气体、腐蚀性液体、腐蚀性固体、其他腐蚀性物质)。

(5)其他化学性危险、危害因素。

(三)生物性危险、危害因素

GAC007 生物性危险、危害因素

(1)致病微生物(细菌、病毒、其他致病微生物)。

(2)传染病媒介物(蚊子、苍蝇、蟑螂)。

(3)致害动物。

(4)致害植物。

(5)其他生物性危险、危害因素。

(四)心理、生理性危险、危害因素

GAC008 心理、生理性危险、危害因素

(1)负荷超限(体力负荷超限、听力负荷超限、视力负荷超限、其他负荷超限)。

(2)健康状况异常。

(3)从事禁忌作业。

(4)心理异常(情绪异常、冒险心理、过度紧张、其他心理异常)。

(5)辨识功能缺陷(感知延迟、辨识错误、其他辨识功能缺陷)。

(6)其他心理、生理性危险、危害因素。

(五)行为性危险、危害因素

(1)指挥错误(指挥失误、违章指挥、其他指挥错误)。

(2)操作失误(误操作、违章作业、其他操作失误)。

(3)监护失误。

(4)其他行为性危险、危害因素。

三、危险、危害因素辨识的内容

GAC009 危险、危害因素辨识的内容

(1)工作环境:包括周围环境、工程地质、地形、自然灾害、气象条件、资源交通、抢险救灾支持条件等。

(2)平面布局:功能分区(生产、管理、辅助生产生活区);高温、有害物质、噪声、辐射、易燃易爆危险品设施布置;建筑物、构筑物布置;风向、安全距离、卫生防护距离等。

(3)运输路线:施工便道,各施工作业区、作业面、作业点的贯通道路以及与外界联系的交通路线等。

(4)施工工序:物资特性(毒性、腐蚀性、燃爆性),温度、压力、作业及控制条件与事故及失控状态。

(5)施工机具、设备:高温、低温、腐蚀、高压、振动、关键部位的备用设备、控制、操作、检修和故障、失误时的紧急异常情况;机械设备的运动部件和工件、操作条件、检修作业、误运转和误操作;电气设备的断电、触电、火灾、爆炸、误运转和误操作,静电、雷电。

① 危险性较大设备和高处作业设备:如提升、起重设备等。
② 特殊装置、设备:锅炉房、危险品库房等。
③ 有害作业部位:粉尘、毒物、噪声、振动、辐射、高温、低温等。

(6)各种设施:管理设施(指挥机关等)、事故应急抢救设施(医院卫生所等)、辅助生产生活设施等。

(7)人员生理、心理因素和人机工程学因素等。

四、风险辨识与评价

GBD010 加气站风险评价

风险识别是风险管理的第一步,也是风险管理的基础,指在风险事故发生之前,人们运用各种方法系统地、连续地认识所面临的各种风险并分析风险事故发生的潜在原因,进而主动选择适当有效的方法进行处理。

GAC010 危险源辨识的范围与方法

(一)危险源辨识的范围

(1)所有进入作业场所的人员在活动中存在的危险源,人员包括内部员工和临时工及其他相关人员。

(2)设备设施在使用、维护、保养、拆装、运输中存在的危险源。

(3)工作场所如高空、孔洞以及交叉作业、带电作业带来的危险源。

(4)工作环境如高温、低温、有毒有害物质、粉尘、噪声、辐射等可能带来的对人体的危害。

(5)违章作业可能带来的人员伤害和设备异常。

(6)作业人员的身体素质、心理素质、安全素质、作业熟练程度与所从事工作不相适应带来的隐患。

(7)安全措施不完善可能带来的危害。

(8)操作过程中各种潜在的危险带来的危害。

(二)危险源辨识的方法

(1)查阅有关资料、记录,获取危险源信息。

(2)组织有经验的人询问、交谈、会议讨论,发现存在的危险源。

(3)通过施工任务和现场环境分析辨识有关危险源。

(4)运用已编制的安全检查表辨识存在的危险源。

(5)获取外部信息,根据以往经验,对照本公司生产活动发现危险源。

(三)风险评价方法

风险评价方法包括安全检查表法、事故事件树分析法、专家评议法、作业条件危险性评价法(LEC)、危害与可操作性分析法、作业安全分析法、安全等级评价法等。

作业条件危险性评价法是对具有潜在危险的环境中作业的危险性进行定性评价的一种方法,是常用的风险评价方法。

对于一个具有潜在危险性的作业条件,影响其危险性的主要因素用如下公式表示:

$$D = LEC \qquad (6-1)$$

式中 D——作业条件的危险性;

L——事故或危险事件发生的可能性;

E——暴露于危险环境的频率;

C——发生事故或危险事件的可能结果。

根据经验,评价作业条件的危险性,总分在 20 分以下时被认为低危险的,这样的危险是可接受的;如果危险分值到达 70~160 分之间,认为有显著的危险性,需要及时整改;如果危险分值在 160~320 分之间,认为这是一种必须立即采取措施进行整改的高度危险环境;分值在 320 分以上,表示环境非常危险,应立即停止生产,直到环境得到改善为止。

(四)风险评价的时态

作业过程中的风险因素评价采用直接判断法与作业条件危险性评价法相结合,评价时要考虑三种时态(过去、现在、将来)、三种状态(正常、异常、紧急)情况下的风险,以及常规和非常规活动(非常规活动包括冬季、雨季、抢工、夜间加班和外界提供的设施等)。通过定量的评价方法,分析危害导致风险事件发生的可能性和后果,以确定风险程度。定量评价主要采用作业条件风险打分法。

(五)危险、危害因素的控制措施

制定消除、预防和减弱危险、危害因素的技术措施和管理措施是事故预防对策中非常重要的一个环节,实质上是保障整个生产过程安全的对策措施。

根据预防伤亡事故的原则,控制危险、危害因素的基本对策如下:

(1)实现机械化、自动化。

(2)设置安全装置。

(3)机械强度试验。

(4)保证电气安全可靠。

(5)按规定维护保养和检修机器设备,保持工作场所合理布局。

(6)配备个人防护用品。

GAC011 危险、危害因素的控制措施

第三节 应急预案

GBD001 应急预案的概念和文件结构

GBD003 应急预案的分类

一、应急预案的概念

应急预案是针对可能发生的事故,为迅速、有序地开展应急行动而预先制订的行动方案。

应急预案可以分为企业预案和政府预案,企业预案由企业根据自身情况制定,由企业负责;政府预案由政府组织制定,由相应级别的政府负责。根据事故影响范围不同,可以将预案分为现场预案和场外预案,现场预案又可以分为不同等级,如车间级、工厂级等;而场外预案按事故影响范围的不同,又可以分为区县级、地市级、省级、区域级和国家级。

二、应急预案的文件结构

应急预案的文件结构:应急预案要形成完整的文件体系,通常完整的企业级应急预案由总预案、程序文件、指导说明书和记录四部分构成,详见《生产经营单位安全生产事故应急预案编制导则》(AQ/T 9002)。

GBD002 应急预案的主要内容

三、应急预案的主要内容

(1)基本情况。

(2)危险目标及其危险特性、对周围的影响。

(3)危险目标周围可利用的安全、消防、个体防护的设备、器材及其分布。

(4)应急救援组织机构、组织人员及其职责划分。

(5)报警、通信联络方式。

(6)事故发生后应采取的处理措施。

(7)人员的紧急疏散、撤离。

(8)危险区的隔离。

(9)检测、抢险、救援及控制措施。

(10)受伤人员现场救护、救治与医院救治。

(11)现场保护。

(12)应急救援保障。

(13)预案分级响应条件。

(14)事故应急预案终止程序。

(15)应急培训和应急救援预案演练计划。

GBD004 应急预案培训

四、应急预案培训

应急预案应报有关部门备案,并定期进行演习,每年不得少于1次。

(一)应急预案培训的原则

应急预案培训与演习的指导思想应以加强基础、突出重点、边练边战、逐步提高为原则。

(二)应急预案培训的范围

(1)政府主管部门的培训。

(2)社区居民的培训。

(3)企业全员的培训。

(4)专业应急救援队伍的培训。

(三)应急预案培训的基本内容

应急预案培训的基本内容主要包括以下几方面:

(1)报警。

(2)疏散。

(3)火灾应急培训。

(4)不同水平应急者培训。

在具体培训中,通常将应急者分为5种水平,即初级意识水平应急者、初级操作水平应急者、危险物质专业水平应急者、危险物质专家水平应急者以及事故指挥者水平应急者。

五、现场应急处置预案

(一)加气车辆突发燃气泄漏的现场应急处置预案

加气车辆突发燃气泄漏的现场应急处置预案包括:停机、关阀、警戒、禁火、放散、拔枪、撤人、报告、停产、处置、恢复等内容。

GBD005 加气车辆突发燃气泄漏的现场应急处置预案

1. 停机

停机是指将正在为泄漏车辆加气的加气机关闭。

2. 关阀

关阀是指将加气机的手动切断阀关闭,同时关闭泄漏车辆气瓶总阀。

3. 警戒

警戒是指将加气站的入口和出口进行封闭。如果泄漏现场燃气浓度达到爆炸极限,可协调交通、消防部门设立警戒区域,封堵路口。

4. 禁火

禁火是指加气站内所有等待加气的车辆禁止启动,防止发生次生灾害。

5. 放散

放散是指将泄漏车辆加气枪头到气瓶总阀管段的天然气自然放散以及加气枪放散。

6. 拔枪

拔枪是指将加气枪从加气车辆上拔出。

7. 撤人

撤人是指将所有等待加气的车辆司机和无关人员立即撤出加气站至安全地带。

8. 报告

报告是指利用站内座机立即向上级单位调度报告事故(事件)的原因以及采用的应急处置程序。如事件升级,可申请上级单位救援。

9. 停产

停产是指突发加气车辆燃气泄漏后,立即关闭液压底橇控制按钮、加气站内总电源和管束车气动阀门,以防止事故升级。

10. 处置

处置是指泄漏车辆放散后,将车辆推出加气站外至安全地带,协助泄漏车辆司机检查泄漏的具体位置并告知司机专业的维修地点。

11. 恢复

恢复是指开启加气站内总电源、管束车气动阀门和液压底橇控制按钮,恢复生产。

(二)加气机突发天然气泄漏的现场应急处置预案

GBD006 加气机突发天然气泄漏的现场应急处置预案

加气机突发天然气泄漏的现场应急处置预案包括停产、关阀、禁火、撤人、警戒、报告、放散、处置、恢复等内容。

1. 停产

停产是指关闭液压底橇控制按钮、加气站内总电源和管束车气动阀门,以防止事故升级。

2. 关阀

关阀是指关闭加气车辆上的加气阀门(橇体内储气罐出口阀门在停机时已经自动关闭)。

3. 禁火

禁火是指加气站内所有等待加气的车辆禁止启动,防止发生次生灾害。

4. 撤人

撤人是指将无关人员立即撤出加气站至安全地带。

5. 警戒

警戒是指封闭加气站的入口和出口,防止其他人员进入。如果泄漏现场形势严重,可协调交通、消防部门设立警戒区域,封堵路口。

6. 报告

未发生次生灾害时向上级单位调度报告现场人员、设备情况。如果发生次生灾害,则拨打120、119报警电话,并说明事故发生地点、事故具体情况、报警人姓名与电话、人员伤亡等情况,同时拨打上级单位调度电话,报警后派人到路边引导消防车辆进入现场。

7. 放散

放散是指将泄漏加气机及连接管段内气体排空。

8. 处置

处置是指维修加气机泄漏部位。

9. 恢复

恢复是指加气机突发天然气泄漏现场处置完毕后,恢复正常生产运行的过程。

第四节　安全生产事故预防管理

一、安全生产定义及方针

安全生产就是指在生产经营活动中,为避免造成人员伤害和财产损失的事故而采取相应的事故预防和控制措施,以保证从业人员的人身安全,保证生产经营活动得以顺利进行的相关活动。

安全生产方针是指城市燃气的生产、储存、输配、经营和使用必须贯彻"安全第一、预防为主"的方针,高度重视燃气安全工作。

GBD011 安全生产概述

二、安全生产管理

(一)安全生产管理概述

1. 安全生产管理的概念

安全生产管理是指针对人们在安全生产过程中的安全问题,运用有效的资源,发挥人们的智慧,通过人们的努力,进行有关决策、计划、组织和控制等活动,实现生产过程中人与机器设备、物料环境的和谐,达到安全生产的目标。

GBD012 安全生产管理的概念

GBD013 安全生产管理的内容

2. 安全生产管理的目的

安全生产管理的目的是保证在生产经营活动中劳动者及相关人员的人身安全、健康,保证财产安全,促进经济的发展,保持社会的稳定。

3. 安全生产管理的目标

安全生产管理的目标是减少和控制事故,尽量避免生产过程中事故造成的人员伤害、财产损失、环境污染以及其他损失。

4. 安全生产管理的内容

安全生产管理的内容包括安全生产管理机构、安全生产管理人员、安全生产责任制、安全生产管理规章制度、生产运营安全管理、安全教育培训、安全检查、应急管理、事故管理等。

(二)安全生产责任制

安全生产责任制主要指企业的各级领导、职能部门以及在一定岗位上的劳动者个人对安全生产工作应负责任的一种制度,也是企业的一项基本管理制度。安全生产责任制应覆盖公司所有组织和人员,做到"一职一责,一岗一责","谁主管,谁负责"。

GBD014 安全生产责任制

(三)安全生产教育培训

"三级"安全教育是法律明确规定的对新员工的教育制度,是公司安全教育

GBD015 安全生产教育培训

的基本教育制度,也是安全教育的一种形式。

"三级"安全教育指公司级安全生产教育、场站级安全教育以及班组级安全教育。

"三级"安全教育制度教育的对象是新进厂的人员,包括新进入的员工、临时工、季节工、代培人员和实习人员。

对新员工必须进行安全生产的"三级"安全教育,经考试合格后,方可上岗操作。

GBD016 安全生产检查

(四)安全生产检查

执行安全生产检查制度,坚持日常检查,定期组织安全检查,将安全生产检查工作切实做到实处,做好岗检、巡检、交接班检查等日常检查工作。检查应使用检查表,已建立 HSE 管理体系的单位,应将安全生产检查纳入管理体系审核中。

根据季节变化、节假日生产特点以及特殊作业要求,应组织开展专项安全生产检查或专业安全生产检查。

GBD017 安全事故概念

三、安全事故

安全生产事故是指生产经营单位在生产经营活动(包括与生产经营有关的活动)中突然发生的伤害人身安全和健康或者损坏设备设施,或者造成经济损失的,导致原生产经营活动(包括与生产经营有关的活动)暂时中止或永远终止的意外事件,又称安全事故。

GBD018 安全事故分类

(一)安全事故分类

按照《企业职工伤亡事故分类》(GB 6441—1986)可将安全事故分为:物体打击事故、车辆伤害事故、机械伤害事故、起重伤害事故、触电事故、火灾事故、灼烫事故、淹溺事故、高处坠落事故、坍塌事故、冒顶片帮事故、透水事故、放炮事故、火药爆炸事故、瓦斯爆炸事故、锅炉爆炸事故、容器爆炸事故、其他爆炸事故、中毒和窒息事故、其他伤害事故共20种。

GBD019 安全事故类别

(二)公司生产安全事故类别

(1)工业生产安全事故:指在生产场所内从事生产经营活动中发生的造成单位员工和单位外人员人身伤亡、急性中毒或者直接经济损失的事故,不包括火灾事故和道路交通事故。

(2)道路交通事故:指所属单位车辆在道路上因过错或者意外造成的人身伤亡或财产损失的事件。

(3)火灾事故:指失去控制并对财物和人身造成损害的燃烧现象。以下情况也列入火灾统计范围:民用爆炸物品爆炸引起的火灾;易燃可燃液体、可燃气体、粉尘以及其他化学易燃易爆物品爆炸引起的火灾;机电设备因内部故障导致外部明火燃烧需要组织扑灭的事故或者引起其他物件燃烧的事故;车辆、船舶以及其他交通工具发生的燃烧事故或者由此引起的其他物件燃烧的事故。

(三)公司安全事故等级划分

GBD020 安全事故等级划分

根据事故造成的人员伤亡或者直接经济损失,安全生产事故一般分为以下等级:

(1)特别重大事故,是指造成30人以上死亡,或者100人以上重伤(包括急性工业中毒,下同),或者1亿元以上直接经济损失的事故。

(2)重大事故,是指造成10人以上30人以下死亡,或者50人以上100人以下重伤,或者5000万元以上1亿元以下直接经济损失的事故。

(3)较大事故,是指造成3人以上10人以下死亡,或者10人以上50人以下重伤,或者1000万元以上5000万元以下直接经济损失的事故。

(4)一般事故,是指造成3人以下死亡,或者10人以下重伤,或者1000万元以下直接经济损失的事故。

四、事故预防措施

GBD021 安全事故预防措施

(1)对危险源应实行分级管理。各级机构除应对本级负责的危险源根据要求进行必要的定期检查、隐患处理或上报、危险因素控制措施的制定和落实外,同时应督促下一级做好危险源管理工作。

(2)安全防护措施:在控制人的不安全行为的同时,应认真积极消除机械设备的不安全状态,因为它是造成机械伤害事故的一个直接原因之一。消除机械设备的不安全状态,能有效地控制操作者冒险作业的不安全行为,以防止事故的发生。在使用机械设备过程中,必须根据其运行和操作情况,按照有关安全技术要求认真落实安全防护措施。例如,对人体可能触及的机械转动部分、传动系统,必须设置安全防护罩,从而有效地把人体与机械运动部分隔离,避免发生接触形成伤害。对机械设备要做好日常性检查和维护保养工作,检查其操作机构以及相关的配置是否达到配置要求,检查保险装置和制动装置是否正常,是否处于受控状态,消除隐患和带病运行情况,从而使机械设备处于安全状态下运行,防止设备出现失控、误操作等情况。做好生产环境的安全检查,检查区域布置是否合理,特别是设备的区域布置,使其工艺流程直线化,减少和消除因机械设备布置不合理而影响操作人员的操作和通行。

(3)安全教育措施:违章作业究其根源,在于操作者安全意识的淡薄。要控制和防止违章作业,就必须认真抓好安全教育,坚持实施入厂职工"三级"安全教育,坚持对调岗和换岗职工的"三级"安全教育,提高职工的安全意识。而抓好安全教育,首先要抓好领导和管理人员教育培训。

(4)规章制度措施:安全生产规章制度是企业安全管理的基础,是各级领导、管理人员和每一个员工在安全工作上的规范标准和行为准则,是有效约束、控制违章指挥、违章作业这种人为不安全行为的主要措施,而健全和落实规章制度,是预防事故的必需条件。企业根据内部安全工作实际和生产发展情况以及市场经济发展带来新的要求,及时对安全生产规章制度进行重新修订、汇编,形成一套完整的安全制度体系,从而使企业的安全生产有章可循,安全管理得到了制度化、标准化。

第五节　压缩天然气加气站应急处置措施

> GBD007 加气站应急工作原则

一、加气站应急工作原则

(一)以人为本、依法规范

以保障人民生命财产安全作为应急工作的出发点和落脚点,充分发挥人的主观能动性,最大限度地减少灾害事故造成的人员伤亡和危害。加气子站应急预案的制定、修订与实施,必须以有关法律、法规、规章为依据,与有关政策相衔接,推进应急处置工作规范化、制度化和法制化。一旦发生突发性燃气事故,要依法果断处置,严防事态进一步扩大,最大限度地降低突发事件造成的损失和危害。

(二)预防为主、防治结合

以灾害事故预防作为应急工作的中心环节和主要任务,做好应对紧急事件的思想准备、预案准备、机制准备和工作准备,切实做到早发现、早报告、早处置,高效、有序应对。

(三)统一指挥、分级负责

以上级单位统一指挥、组织协调与各单位分工负责相结合,满足指挥便捷、专业对口、反应快速的要求。

二、CNG加气站应急处理

(一)高压储气井气压打满后压缩机不能自动停机的应急处理

现象:高压储气井压井压力打至上限,压缩机不能自动停机,压缩天然气气管路安全阀启跳。

原因分析:高压储气井压力传感器和压缩机二级排气压力传感器同时失灵,压缩机不能自动停机。

处理方法:当高压储气井压井压力打至上限而压缩机不能自动停机时,站控人员首先按急停按钮立即停机,然后到现场检查储气井就地压力表压力指示正常,安全阀是否关闭,若安全阀处于开启状态,即安全阀启跳泄压后不能复位,应手动关闭安全阀的根部阀。

(二)加气过程中车辆内加气管线被电瓶放电击穿漏气的应急处理

现象:加气过程中车辆内管线距电瓶正极近并加气阀且支架不牢固,加气时震动引发连接放电,把管线击穿成一小孔漏气并放电,火花不断。

原因分析:(1)加气车辆内管线没有装绝缘护管;(2)车辆内管线距电瓶正极太近;(3)加气阀支架不牢固。

处理方法:关闭加气机应急球阀,把正在加气的车辆气瓶总切断阀关闭。

(三)站内突然停电的应急处理

现象:加气站未接到通知,在运行过程中突然停电。

原因分析：(1)上游变电所突发事件停电；(2)站外线路故障；(3)站内超压、过载等保护性启跳。

处理方法：(1)拉下低压配电柜空气开关；(2)联系上游供电部门，询问停电原因，并上报上级单位调度报告。

(四)加气过程中车辆着火的应急处理

现象：加气过程中车辆内管线与电瓶正极太近并且加气阀支架不牢固，加气时震动引发连接放电，把管线击穿成一小孔漏气并放电，导致加气车辆着火。

原因分析：(1)加气车辆内管线没有装绝缘护管；(2)车辆内管线距电瓶正极太近；(3)加气阀支架不牢固。

处理方法：(1)切断加气机电源；(2)立即停机，关闭去加气区切断球阀，切断天然气，并立即灭火；(3)控制现场秩序，及时有效地疏散现场人员；(4)禁止汽车发动，班长组织人员将站内汽车推出站外。

GBD008 加气过程中车辆着火的应急处理

(五)高压地下储气井发生泄漏的应急处理

现象：高压地下储气井井口装置发生天然气泄漏。

原因分析：(1)储气井井口装置密封部位发生天然气泄漏；(2)井口装置进出口截止阀、压力表根部阀处天然气泄漏。

处理方法：(1)手动停压缩机；(2)关闭该储气井管道进出口截止阀；(3)停止对外加气，储气区设置隔离带，控制现场秩序，及时有效地疏散加气车辆和现场人员。

(六)加气软管爆管的应急处理

现象：加气站加气软管爆管。

原因分析：(1)加气软管出现如凹凸、破裂、褶皱及折痕等缺陷，没有及时发现并更换；(2)没有按照加气软管使用规范对加气软管定期检验。

处理方法：立即停止加气，更换加气软管。

(七)加气柱被拖车拉倒造成泄漏的应急处理

现象：正在加气的管束车(拖车)牵引车移动，加气柱被拉倒，发生高压天然气严重泄漏。

原因分析：司机、押运员违章操作，移动拖车，拉断压缩天然气管线，造成天然气严重泄漏。

处理方法：(1)切断加气柱电源；(2)停压缩机，关闭加气柱进气球阀，切断天然气。

GBD009 加气柱被拖车拉倒造成泄漏的应急处理

高级工练习题及答案

一、理论知识试题

(一)单项选择题(每题四个选项,只有一个是正确的,将正确的选项号填入括号内)

1. AC001　加气站现场严禁堆放(　　)。
　　(A)工程施工物资　(B)易燃易爆物品　(C)工具器械　(D)消防设施
2. AC001　投产现场不得进行动火作业,若特殊情况必须动火,则必须经(　　)办理有关手续后方可进行。
　　(A)站队经理　　　　　　　　　(B)生产运行主管部门
　　(C)安全主管部门　　　　　　　(D)工程管理部门
3. AC002　加气站的设备必须由(　　)的专业人员进行操作和维护。
　　(A)身体健康、经过培训且考核合格　(B)身体健康、经过培训
　　(C)身体健康　　　　　　　　　　　(D)经过培训且考核合格
4. AC002　加气站操作人员严禁(　　)。
　　(A)在钢瓶瓶体上用火焰、等离子切割挖补或焊接修理
　　(B)穿防静电工作服
　　(C)穿戴劳保用品
　　(D)使用防爆工具
5. AC003　危险因素强调(　　)
　　(A)突发性和长期作用　　　　(B)突发性和瞬间作用
　　(C)随机性和长期作用　　　　(D)随机性和瞬间作用
6. AC003　危险是指(　　)危险事件发生的可能性与后果的结合。
　　(A)特定　　(B)特殊　　(C)常规　　(D)偶发
7. AC004　《生产过程危险和有害因素分类与代码》(GB/T 13861—2009)将生产过程中危险、危害因素分为(　　)类。
　　(A)3　　(B)5　　(C)6　　(D)8
8. AC004　对危险、危害因素进行分类,是为便于进行(　　)分析。
　　(A)事故和职业危害　　　　　(B)危险、危害因素
　　(C)危险和职业伤害　　　　　(D)导致危险和职业伤害的直接原因
9. AC005　以下不属于设备、设施缺陷的是(　　)。
　　(A)强度不够　(B)刚度不够　(C)支撑不当　(D)外露运动件
10. AC005　以下不属于标志缺陷的是(　　)。
　　(A)信号显示不准　(B)标志不清楚　(C)标志不规范　(D)标志位置错误
11. AC006　以下不属于有毒物质的是(　　)。
　　(A)硫化氢　(B)氧气　(C)水银　(D)一氧化碳
12. AC006　以下不属于腐蚀性物质的是(　　)。
　　(A)酸　(B)碱　(C)肥皂水　(D)生石灰

13. AC007　以下不属于致病微生物的是(　)。
　　(A)酵母菌　　　(B)H7N9　　　(C)乙肝病毒　　　(D)大肠杆菌

14. AC007　以下不属于传染病媒介物的是(　)。
　　(A)蚊子　　　(B)苍蝇　　　(C)蟑螂　　　(D)沙土

15. AC008　以下不属于心理、生理性危险、危害因素的是(　)。
　　(A)负荷超限　　(B)心理异常　　(C)作业环境不良　　(D)辨识功能缺陷

16. AC008　负荷超限不包括(　)。
　　(A)体力负荷超限　(B)听力负荷超限　(C)脑力负荷超限　(D)视力负荷超限

17. AC009　以下属于危险因素辨识内容的是(　)。
　　(A)工作环境
　　(B)运输路线
　　(C)劳动组织生理、心理因素和人机工程学因素
　　(D)以上都是

18. AC009　"工作环境"辨识内容包括(　)。
　　(A)周围环境、工程地质
　　(B)地形、自然灾害
　　(C)气象条件、资源交通、抢险救灾支持条件等
　　(D)以上都是

19. AC010　危险源辨识的范围不包括(　)。
　　(A)设备设施在使用、维护、保养、拆装、运输中存在的危险源
　　(B)工作场所如高空、孔洞以及交叉作业、带电作业带来的危险源
　　(C)安全措施不完善不可能带来的危害
　　(D)违章作业可能带来的人员伤害和设备异常

20. AC010　危险源辨识的方法不包括(　)。
　　(A)查阅有关资料、记录,获取危险源信息
　　(B)不需获取外部信息,只是凭经验、主观臆断发现危险源
　　(C)通过施工任务和现场环境分析辨识有关危险源
　　(D)运用已编制的安全检查表辨识存在的危险源

21. AC011　以下不属于控制危险、危害因素基本对策的是(　)。
　　(A)保证电气安全可靠　　　　(B)设备定期检验校验
　　(C)配备个人防护用品　　　　(D)设置安全装置

22. AC011　控制危险、危害因素的基本对策的依据是(　)。
　　(A)预防违章事件的原则　　　(B)减少违章事件的原则
　　(C)预防伤亡事故的原则　　　(D)减少伤亡事故的原则

23. BD001　加气站应急预案要形成完整的(　)。
　　(A)标准　　　(B)规范　　　(C)方案　　　(D)文件体系

24. BD001　通常完整的企业级应急预案由(　)、程序文件、指导说明书和记录四部分构成。
　　(A)总预案　　(B)守则　　　(C)规范　　　(D)培训表

25. BD002 加气站应急预案的主要内容不包括( )。
(A)基本情况 (B)报警、通信联络方式
(C)人员的紧急疏散、撤离 (D)应急预案评审

26. BD002 应急预案的主要内容包括危险目标周围可利用的安全、( )、个体防护的设备、器材及其分布。
(A)掩体 (B)防爆工具 (C)生产 (D)消防

27. BD003 应急预案可以分为企业预案和( )。
(A)政府预案 (B)生产预案 (C)消防预案 (D)管理预案

28. BD003 根据事故影响范围不同,可以将应急预案分为( )和场外预案。
(A)企业内部预案 (B)政府内部预案 (C)现场预案 (D)高危险预案

29. BD004 应急救援培训与演习的指导思想应以( )为原则。
(A)加强基础、突出重点、边练边战、逐步提高
(B)加强基础、突出重点、边练边战、迅速提高
(C)加强能力、突出重点、边练边战、逐步提高
(D)加强能力、突出重点、边练边战、迅速提高

30. BD004 应急预案培训的基本内容不包括( )。
(A)报警 (B)疏散
(C)火灾应急培训 (D)相同水平应急者培训

31. BD005 以下关于加气车辆突发燃气泄漏现场应急处置步骤正确的是( )。
(A)停机、关阀、撤人、警戒、禁火、放散、拔枪、停产、报告、处置、恢复
(B)停机、关阀、警戒、禁火、放散、拔枪、撤人、报告、停产、处置、恢复
(C)停机、停产、关阀、撤人、警戒、禁火、放散、拔枪、报告、处置、恢复
(D)停机、停产、关阀、警戒、禁火、放散、拔枪、撤人、报告、处置、恢复

32. BD005 加气车辆突发燃气泄漏现场应急处置步骤中的"禁火"是指站内所有等待加气的车辆禁止启动,防止发生( )灾害。
(A)衍生 (B)伴随 (C)次生 (D)二次

33. BD006 以下关于加气机突发天然气泄漏现场应急处置步骤正确的是( )。
(A)停产、关阀、撤人、禁火、警戒、报告、放散、处置、恢复
(B)停产、关阀、禁火、撤人、警戒、报告、放散、处置、恢复
(C)停产、撤人、关阀、禁火、警戒、报告、放散、处置、恢复
(D)停产、撤人、关阀、放散、禁火、警戒、报告、处置、恢复

34. BD006 加气机突发天然气泄漏现场应急处置步骤中的"关阀"是指( )。
(A)关闭加气机上的加气阀门 (B)关闭加气机进入管线主球阀
(C)关闭加气车辆上的加气阀门 (D)关闭橇体内储气罐出口阀门

35. BD007 加气站应急工作的出发点和落脚点是( )。
(A)保障公共财产安全 (B)保障人民生命财产安全
(C)保障资金安全 (D)确保不发生二次伤害发生

36. BD007 加气子站应急预案的制定、修订与实施,必须以( )为依据。
(A)公司安全管理制度 (B)内控手册
(C)有关法律、法规、规章 (D)作业指导书

37. BD008　加气过程中车辆内管线与电瓶正极靠近并且支架不牢固,加气时振动引起连接放电,把管线击一小孔漏气并放电,导致加气车辆( )。
　　　　(A)立即爆炸　　　(B)发动机损坏　　　(C)着火　　　　(D)轮胎破裂

38. BD008　加气过程中加气车辆着火时首先应( )。
　　　　(A)切断加气机电源　　　　　　　(B)关闭加气机阀门
　　　　(C)撤人　　　　　　　　　　　　(D)灭火

39. BD009　加气柱被拖车拉倒造成泄漏后的处置措施包括( )。
　　　　(A)切断加气柱电源
　　　　(B)停压缩机
　　　　(C)关闭加气柱进气球阀,切断天然气
　　　　(D)以上都是

40. BD009　造成正在加气的管束车(拖车)牵引车移动,加气柱被拉倒,发生高压天然气严重泄漏可能的原因是( )。
　　　　(A)加气机电磁阀堵塞　　　　　　(B)雷雨天气遭遇大风
　　　　(C)压缩机突然停机　　　　　　　(D)司机、押运员违章操作,移动拖车

41. BD010　对于一个具有潜在危险性的作业条件,影响危险性的主要因素不包括( )。
　　　　(A)室内作业　　　　　　　　　　(B)作业条件的危险性
　　　　(C)事故或危险事件发生的可能性　(D)暴露于危险环境的频率

42. BD010　对具有潜在危险环境中的作业危险性进行定性评价的风险评价方法是( )。
　　　　(A)安全检查表法　　　　　　　　(B)作业条件危险性评价法
　　　　(C)事故事件树分析法　　　　　　(D)专家评议法

43. BD011　安全生产是指在( )活动中,为避免事故而采取的事故预防和控制措施,以保证从业人员的人身安全,保证生产经营活动得以顺利进行的相关活动。
　　　　(A)生产经营　　　(B)巡检　　　(C)调压　　　　(D)加气

44. BD011　城市燃气的生产、储存、输配、经营和使用,必须贯彻( )的方针。
　　　　(A)"以人为本"　　　　　　　　　(B)"安全生产"
　　　　(C)"安全第一、预防为主"　　　　(D)"预防为主、防治结合"

45. BD012　"为减少和控制事故,尽量避免生产过程中由于事故造成的人员伤害、财产损失、环境污染以及其他损失"的是( )。
　　　　(A)安全生产管理的概念　　　　　(B)安全生产管理的方针
　　　　(C)安全生产管理的目标　　　　　(D)安全生产管理的目的

46. BD012　不属于安全生产管理内容的是( )。
　　　　(A)安全生产管理机构和安全生产管理人员
　　　　(B)安全生产责任制
　　　　(C)安全生产管理规章制度
　　　　(D)安全生产管理的概念

47. BD013　下列不属于安全生产管理内容的是( )。
　　　　(A)安全生产管理机构　　　　　　(B)安全生产管理人员
　　　　(C)安全生产管理的目标　　　　　(D)安全生产责任制

48. BD013 "安全生产管理规章制度、生产运营安全管理、安全教育培训、安全检查、应急管理"属于( )。
（A）安全生产管理的内容　　　　（B）安全生产管理的方针
（C）安全生产管理的概念　　　　（D）安全生产管理的目标

49. BD014 安全生产责任制主要指企业的各级领导、职能部门和在一定岗位上的劳动者个人对( )应负责任的一种制度。
（A）安全生产工作　（B）设备运行工作　（C）正常输气工作　（D）设备保养工作

50. BD014 安全生产责任制应覆盖公司所有( )。
（A）组织人员　　（B）组织和人员　　（C）管理者　　（D）基层人员

51. BD015 新员工必须进行安全生产的"三级"安全教育,( )方可上岗操作。
（A）考试不合格　（B）班组长考问　（C）考试合格　（D）不经考试

52. BD015 新进厂的人员上岗操作前必须经过( )。
（A）智力测试　　　　　　　　（B）仿宋字学习
（C）体能测试　　　　　　　　（D）"三级"安全教育

53. BD016 燃气行业执行安全检查制度,坚持日常检查,定期组织安全检查。以下不属于日常检查工作的是( )。
（A）排污　　　　（B）岗检　　　　（C）巡检　　　　（D）交接班检查

54. BD016 以下不属于场站常规检查项目的是( )。
（A）检查压力　　　　　　　　（B）测量接地电阻
（C）检查流量　　　　　　　　（D）检查加臭机状态

55. BD017 生产经营单位在生产经营活动中导致原生产经营活动(包括与生产经营活动有关的活动)暂时中止或永远终止的意外事件称为( )。
（A）安全事故　　（B）生产事故　　（C）责任事故　　（D）一般事故

56. BD017 生产经营单位在生产经营活动中发生的安全事故不包括( )。
（A）伤害人身安全和健康　　　　（B）置换老旧设备
（C）造成经济损失　　　　　　　（D）损坏设备设施

57. BD018 车祸属于《企业职工伤亡事故分类》(GB 6441—1986)事故中的( )。
（A）车辆伤害事故　（B）物体打击事故　（C）机械伤害事故　（D）起重伤害事故

58. BD018 开水烫伤属于《企业职工伤亡事故分类》(GB 6441—1986)事故中的( )。
（A）火灾事故　　（B）灼烫事故　　（C）淹溺事故　　（D）触电事故

59. BD019 民用爆炸物品爆炸引起的火灾属于( )。
（A）机械伤害　　（B）触电事故　　（C）火灾事故　　（D）道路交通事故

60. BD019 车辆、船舶以及其他交通工具发生的燃烧事故或者由此引起的其他物件燃烧的事故属于( )。
（A）道路交通事故　（B）机械伤害　　（C）火灾事故　　（D）触电事故

61. BD020 根据事故造成的人员伤亡或者直接经济损失,安全生产事故一般分为( )个等级。
（A）4　　　　　（B）3　　　　　（C）2　　　　　（D）1

62. BD020　造成30人以上死亡,或者100人以上重伤(包括急性工业中毒,下同),或者1亿元以上直接经济损失的事故称为(　)。
　　　　(A)重大事故　　　(B)特别重大事故　　(C)较大事故　　　(D)一般事故

63. BD021　企业安全管理的基础制度是(　)。
　　　　(A)应急演练制度　　　　　　　　(B)岗位责任制
　　　　(C)安全生产规章制度　　　　　　(D)设备操作规程

64. BD021　根据公司内部安全工作实际和生产发展情况以及市场经济发展带来新的要求,应对公司(　)进行了重新修订、汇编,形成了一套完整的安全制度体系,从而使公司的安全生产有章可循,安全管理得到了制度化、标准化。
　　　　(A)应急演练制度　　　　　　　　(B)岗位责任制
　　　　(C)安全生产规章制度　　　　　　(D)设备操作规程

(二)多项选择题(每题四个选项,至少有两个是正确的,将正确的选项号填入括号内)

1. AC001　属于加气站安全措施的是(　)。
　　　(A)加气站现场严禁堆放易燃易爆物品
　　　(B)防静电、防雷击、接地装置进行90%检查测试,符合要求
　　　(C)按照设计要求配备足够有效的防火、防爆消防灭火器材并按规定就位
　　　(D)对所有动、静密封点进行检查,工作区域不漏油、不漏气

2. AC002　加气站的安全注意事项包括(　)。
　　　(A)操作人员应穿防静电工作服,严禁带火种
　　　(B)严禁敲击、碰撞瓶式压力容器
　　　(C)车载钢瓶内的气体不得用尽,容器内剩余压力不应小于5MPa
　　　(D)严禁在钢瓶瓶体上用火焰、等离子切割挖补或焊接修理

3. AC004　对危险、危害因素进行分类,是为便于进行危险、危害因素分析6类,危险、危害因素包括(　)。
　　　(A)物理性危险、危害因素　　　　(B)化学性危险、危害因素
　　　(C)行为性危险、危害因素　　　　(D)心理、生理性危险、危害因素

4. AC005　物理性危险、危害因素中的电磁辐射包括(　)等电离辐射。
　　　(A)X射线　　　(B)γ射线　　　(C)紫外线　　　(D)液体飞溅

5. AC008　心理、生理性危险、危害因素中的负荷超限包括(　)。
　　　(A)体力负荷超限　(B)听力负荷超限　(C)视力负荷超限　(D)脑力负荷超限

6. AC009　属于危险、危害因素辨识内容中"工作环境"辨识内容的是(　)。
　　　(A)周围环境　(B)工程地质　(C)自然灾害　(D)构筑物布置

7. BD002　应急预案的主要内容包括(　)。
　　　(A)危险目标及其危险特性、对周围的影响
　　　(B)应急救援组织机构、组织人员和职责划分
　　　(C)事故发生后应采取的处理措施
　　　(D)应急预案完整的文件体系

8. BD004　基本应急培训的内容主要包括(　)。
　　　(A)报警　　　　　　　　　　　　(B)疏散
　　　(C)火灾应急培训　　　　　　　　(D)不同水平应急者培训

9. BD013　安全生产管理的内容包括(　　)。
　　(A)安全生产管理机构和安全生产管理人员
　　(B)安全生产责任制
　　(C)安全生产管理规章制度
　　(D)安全生产管理的概念
10. BD017　下列选项中属于安全事故的是(　　)。
　　(A)伤害人身安全和健康　　　　(B)过滤器排污
　　(C)损坏设备设施　　　　　　　(D)造成经济损失
11. BD021　安全事故预防措施包括(　　)。
　　(A)安全防护措施　　　　　　　(B)安全教育措施
　　(C)规章制度措施　　　　　　　(D)危险源分级管理

(三)判断题(对的画"√",错的画"×")

(　)1. AC001　加气站防静电、防雷击、接地装置进行检查测试比例不少于80%,符合要求。
(　)2. AC002　在加气站,必要时可以敲击、碰撞瓶式压力容器。
(　)3. AC003　危险、危害因素是指能对人造成伤亡、对物造成突发性损坏或影响人的身体健康导致疾病、对物造成慢性损坏的因素。
(　)4. AC004　对危险、危害因素进行分类,是为了便于进行危险、危害因素分析。
(　)5. AC005　电危害因素包括带电部位裸露、漏电、雷电、静电、电火花和其他电危害。
(　)6. AC006　自燃性物质属于化学性危险、危害因素。
(　)7. AC007　活的发病的生物属于传染病媒介物。
(　)8. AC008　指挥错误属于心理、生理性危险、危害因素。
(　)9. AC009　"运输路线"辨识内容包括施工便道,各施工作业区、作业面、作业点的贯通道路以及与外界联系的交通路线等。
(　)10. AC010　组织有经验的人询问、交谈、会议讨论发现存在的危险源属于一种危险源辨识方法。
(　)11. AC011　设置安全装置是控制危险、危害因素的基本对策。
(　)12. BD001　应急预案是针对已经发生的事故,为迅速、有序地开展应急行动而预先制定的行动方案。
(　)13. BD002　事故应急预案应有终止程序。
(　)14. BD003　场外预案按事故影响范围的不同,又可以分为区县级、地市级、省级、区域级和国家级。
(　)15. BD004　应急预案应报有关部门备案,并定期进行演习,每年不得少于2次。
(　)16. BD005　加气车辆突发燃气泄漏现场应急处置步骤中的"报告"是指利用站内座机立即向上级单位调度报告事故(事件)的原因以及采用的应急处置程序。如事件升级,可申请上级单位救援。
(　)17. BD006　加气机突发燃气泄漏现场应急处置步骤中的"警戒"是指封闭加气站的入口和出口,防止其他人员进入。如果泄漏现场形势严重,可协调交通、消防部门设立警戒区域,封堵路口。

(　　)18. BD007　加气站一旦发生突发性燃气事故,要依法果断处置,严防事态进一步扩大,最大限度地降低突发事件造成的损失和危害。

(　　)19. BD008　加气车辆内天然气管线不需要装绝缘护管。

(　　)20. BD009　加气柱被拖车拉倒造成泄漏是指正在加气的管束车(拖车)牵引车移动,加气柱被拉倒,导致发生高压天然气严重泄漏。

(　　)21. BD010　风险评价方法包括安全检查表法、事故事件树分析法、专家评议法、作业条件危险性评价法(LEC)、危害与可操作性分析法、作业安全分析法、安全等级评价法等。

(　　)22. BD011　安全生产就是指在生产经营活动中,为避免造成人员伤害和财产损失的事故而采取相应的事故预防和控制措施,以保证从业人员的人身安全,并保证生产经营活动得以顺利进行的相关活动。

(　　)23. BD012　安全生产管理的概念是保证在生产经营活动中的劳动者及相关人员的人身安全、健康,保证财产安全,促进经济的发展,保持社会的稳定。

(　　)24. BD013　安全教育培训属于安全生产管理内容的一部分。

(　　)25. BD014　安全生产责任制应覆盖公司所有组织和人员,做到"一职一责,一岗一责","谁主管,谁负责"。

(　　)26. BD015　"三级"安全教育制度教育的对象是新进厂的人员,包括新进入的员工、临时工、季节工、代培人员和实习人员。

(　　)27. BD016　已建立HSE管理体系的单位,应将安全检查纳入管理体系审核。

(　　)28. BD017　安全生产事故是生产经营单位在生产经营活动(包括与生产经营有关的活动)中突然发生的伤害人身安全和健康或损坏设备设施,或者造成经济损失的,导致原生产经营活动(包括与生产经营有关的活动)中止或终止的意外事件。

(　　)29. BD018　《企业职工伤亡事故分类》(GB 6441—1986)将安全事故分为30种。

(　　)30. BD019　车辆、船舶以及其他交通工具发生的燃烧事故,或者由此引起的其他物件燃烧的事故属于机械事故。

(　　)31. BD020　一般事故,是指造成3人以下死亡,或者10人以下重伤,或者100万元以下直接经济损失的事故。

(　　)32. BD021　各级机构除应对本级负责的危险源根据要求进行必要的定期检查、隐患处理或上报、危险因素控制措施的制定和落实外,同时应督促下一级做好危险源管理工作。

二、技能操作试题

(一) AA001 编写HSE作业指导卡

1. 考核要求

(1)必须穿戴劳保用品。

(2)必要的工具、用具准备齐全。

(3)掌握基本操作要领。

(4)按要求完成操作项目,质量符合技术要求。

(5)能够正确使用设备和工具、量具。

(6)操作程序符合安全文明生产规定。

2. 准备要求

(1)材料准备。

序号	名称	规格	数量	备注
1	HSE作业指导卡		1份	鉴定站准备
2	操作规程		1份	鉴定站准备
3	稿纸	A4	若干	鉴定站准备
4	桌、椅		1套	鉴定站准备
5	参数记录本	A4	1个	鉴定站准备
6	碳素笔	黑色0.5mm	1支	鉴定站准备

(2)工具、用具准备。

序号	名称	规格	数量	备注
1	防静电工服		1套	考生准备
2	防静电工鞋		1双	考生准备

3. 操作程序说明

(1)按照HSE作业指导卡的统一格式编写。

(2)按照操作规程编写HSE作业指导卡。

(3)编写指导卡名称。

(4)编写重要程度。

(5)编写风险提示。

(6)编写应急处置方法。

(7)编写检查和准备工作。

(8)编写操作步骤。

(9)编写备注。

4. 考核规定说明

(1)如操作违章,将停止考核。

(2)考核采用百分制,考核项目得分按鉴定比重进行折算。

(3)考核方式说明:该项目为实际操作题,考核过程按评分标准及操作过程进行评分。

(4)测试技能说明:本项目主要测试考生对编写HSE作业指导卡掌握的熟练程度。

5. 考核时限

(1)准备时间:5min(不计入考核时间)。

(2)正式操作时间:45min。

(3)提前完成操作不加分,到时间停止操作考核。

6. 评分记录表

序号	考核内容	评分要素	配分	评分标准	检测结果	扣分	得分	备注
1	准备工作	正确穿戴防静电工服、防静电工鞋,佩戴胸卡;准备HSE作业指导卡,黑色0.5mm碳素笔	10	少一项扣1分,扣完为止				
2	编写指导卡名称	写出HSE作业指导卡名称	10	未写出扣10分;写错扣3分				
3	编写重要程度	写出HSE作业指导卡的重要程度(一般操作卡或关键操作卡)	10	未写出扣10分;写错扣3分				
4	编写风险提示	编写风险提示(1.加气枪放散口不许对着人;2.加气枪弹出伤人;3.泄漏;4.触电)	10	辨别不准确一项扣2分;辨别少一项扣2分,扣完为止				
5	编写应急处置方法	编写应急处置方法	10	未编写扣10分;处置方法错一项扣2分				
6	编写检查和准备工作	编写相关项目正确	10	错一项扣2分				
		编写相关项目不能缺项	10	少一项扣2分				
7	编写操作步骤	编写操作步骤	10	错一步扣5分;少一步扣2分				
8	编写备注	填写备注栏	10	错一项扣2分;少一项扣2分				
9	安全文明生产	语言文明,尊重考评人员和工作人员	5	每违反一项扣1分				
		工完、料净、场地清;工具、设备清洁整齐	5	每违反一项扣5分				
10	考核时限	在规定时间内完成操作		到时间停止操作考核				从总分中扣除
	合计		100					

(二) AD001 使用 Excel 填报生产报表并发送邮件

1. 考核要求

(1)必须穿戴劳保用品。

(2)必要的工具、用具准备齐全。

(3)掌握基本操作要领。

(4)按要求完成操作项目,质量符合技术要求。

(5)能够正确使用设备和工具、量具。

(6)操作程序符合安全文明生产规定。

2. 准备要求

(1)设备准备。

序号	名称	规格	数量	备注
1	计算机		1台	鉴定站准备

(2)材料准备。

序号	名称	规格	数量	备注
1	1、2月份气量资料		1份	鉴定站准备
2	计算机操作台		1张	鉴定站准备
3	网络连接头		1套	鉴定站准备

(3)工具、用具准备。

序号	名称	规格	数量	备注
1	防静电工服		1套	考生准备
2	防静电工鞋		1双	考生准备

3. 操作程序说明

(1)准备工作。

(2)建立文档。

(3)输入数据。

(4)计算1、2月份累计气量。

(5)保存日生产报表。

(6)发送完成的生产报表电子邮件。

4. 考核规定说明

(1)如操作违章,将停止考核。

(2)考核采用百分制,考核项目得分按鉴定比重进行折算。

(3)考核方式说明:该项目为实际操作题,考核过程按评分标准及操作过程进行评分。

(4)测试技能说明:本项目主要测试考生对使用Excel填报生产报表并发送邮件操作掌握的熟练程度。

5. 考核时限

(1)准备时间:5min(不计入考核时间)。

(2)正式操作时间:30min。

(3)提前完成操作不加分,到时间停止操作考核。

6. 评分记录表

序号	考核内容	评分要素	配分	评分标准	检测结果	扣分	得分	备注
1	准备工作	正确穿戴防静电工服、防静电工鞋	10	少一项扣3分				
2	建立文档	使用Excel建立电子表格	5	不会建立电子表格扣5分				
3	输入数据	输入"1、2月份气量"	5	输入数据错误扣5分				

续表

序号	考核内容	评分要素	配分	评分标准	检测结果	扣分	得分	备注
4	计算1、2月份累计气量	填写接气量、售气量	10	接气量填写错误扣5分；售气量填写错误扣5分				
		计算累计量	10	接气量累计填写错误扣5分；售气量累计填写错误扣5分				
		使用公式计算输差及累计	10	不会使用公式扣5分；填写错误扣5分				
5	保存日生产报表	将报表保存到指定文件夹	10	未保存报表扣5分；未保存到指定文件夹扣5分				
6	发送完成的生产报表电子邮件	查找指定网站地址	5	不会查找指定网站地址扣5分				
		登录指定电子邮箱	5	未登录指定电子邮箱扣5分				
		键入发送邮箱地址	5	未键入发送邮箱地址扣5分				
		选择保存的生产报表附件	10	无附件便发送电子邮件扣10分				
		将指定文件发送至指定邮箱	10	未将邮件发送至指定邮箱扣10分				
		检查发送是否完成	5	未检查发送是否完成扣5分				
7	安全文明操作	按国家或企业颁发有关安全规定执行操作		每违反一项规定扣2分；严重违规取消考核				从总分中扣除
		语言文明,尊重考评员和工作人员		每违反一项扣1分				
		工完、料净、场地清；工具、设备清洁整齐		每违反一项扣2分				
8	考核时限	在规定时间内完成操作		到时间停止操作考核				
	合计		100					

(三) AD002 使用Word"替换"功能替换文档指定内容

1. 考核要求

(1)必须穿戴劳保用品。
(2)必要的工具、用具准备齐全。
(3)掌握基本操作要领。
(4)按要求完成操作项目,质量符合技术要求。
(5)能够正确使用设备和工具、量具。
(6)操作程序符合安全文明生产规定。

2. 准备要求

(1)设备准备。

序号	名称	规格	数量	备注
1	计算机		1台	鉴定站准备

(2)材料准备。

序号	名称	规格	数量	备注
1	文档资料		1份	鉴定站准备
2	计算机操作台		1张	鉴定站准备
3	网络连接头		1套	鉴定站准备

(3)工具、用具准备。

序号	名称	规格	数量	备注
1	防静电工服		1套	考生准备
2	防静电工鞋		1双	考生准备

3. 操作程序说明

(1)准备工作。

(2)打开指定文档。

(3)找到"替换"功能。

(4)进入查找替换对话框。

(5)在"查找内容"对话框内输入要替换的内容。

(6)在"替换为"对话框内输入替换内容。

(7)替换。

(8)关闭对话框。

4. 考核规定说明

(1)如操作违章,将停止考核。

(2)考核采用百分制,考核项目得分按鉴定比重进行折算。

(3)考核方式说明:该项目为实际操作题,考核过程按评分标准及操作过程进行评分。

(4)测试技能说明:本项目主要测试考生对使用Word"替换"功能替换文档指定内容操作掌握的熟练程度。

5. 考核时限

(1)准备时间:5min(不计入考核时间)。

(2)正式操作时间:15min。

(3)提前完成操作不加分,到时间停止操作考核。

6. 评分记录表

序号	考核内容	评分要素	配分	评分标准	检测结果	扣分	得分	备注
1	准备工作	正确穿戴防静电工服、防静电工鞋	10	每缺一项扣3分				
2	打开指定文档	使用Word正确打开文档	10	打开文档错误扣10分				
3	找到"替换"功能	在开始菜单选择替换功能	10	未打开开始菜单扣10分				
			10	未找到替换功能扣10分				

续表

序号	考核内容	评分要素	配分	评分标准	检测结果	扣分	得分	备注
4	进入查找替换对话框	在查找替换对话框中点击"替换"	10	未进入查找替换对话框,扣10分				
			10	未点击"替换"扣10分				
5	在"查找内容"对话框内输入要替换的内容	在查找对话框中输入"2月份"	10	输入错误扣10分				
6	在"替换为"对话框内输入替换内容	在替换对话框中输入"4月份"	10	输入错误扣10分				
7	替换	点击"全部替换"	10	替换失败扣10分				
8	关闭对话框	点击"关闭"按钮	10	未点击"关闭"按钮扣10分				
9	安全文明操作	按国家或企业颁发有关安全规定执行操作		每违反一项规定扣2分;严重违规取消考核				从总分中扣除
		语言文明,尊重考评员和工作人员		每违反一项扣1分				
		工完、料净、场地清		违反一项到扣2分				
10	考核时限	在规定时间内完成操作		到时间停止操作考核				
	合计		100					

三、答案

(一) 单项选择题

1. B 2. C 3. A 4. A 5. B 6. A 7. C 8. B 9. C 10. A 11. B
12. C 13. A 14. D 15. C 16. C 17. D 18. D 19. C 20. B 21. B 22. C
23. D 24. A 25. D 26. D 27. A 28. C 29. A 30. D 31. B 32. C 33. B
34. C 35. B 36. C 37. C 38. A 39. D 40. D 41. A 42. B 43. A 44. C
45. C 46. D 47. C 48. A 49. A 50. B 51. C 52. D 53. A 54. B 55. A
56. B 57. A 58. B 59. C 60. C 61. A 62. B 63. C 64. C

(二) 多项选择题

1. ACD 2. ABD 3. ABCD 4. ABC 5. ABC 6. ABC 7. ABC 8. ABCD
9. ABC 10. ACD 11. ABCD

(三) 判断题

1. × 加气站防静电、防雷击、接地装置应进行100%检查测试,符合要求。 2. × 在加气站严禁敲击、碰撞瓶式压力容器。 3. √ 4. √ 5. √ 6. √ 7. × 活的发病的生物属于传染源,而非传染病媒介物。 8. × 指挥错误属于行为性危险、危害因素。 9. √ 10. √ 11. √ 12. × 应急预案是针对可能发生的事故,为迅速、有序地开展应急行动而预先制定的行动方案。 13. √ 14. √ 15. × 应急预案应报有关部门备案,并定期进行演习,每年不得少于1次。 16.√ 17.√ 18.√ 19.× 加气车辆内天然气管线必须安装绝缘护管。 20.√ 21.√ 22.√ 23.× 安全生产管理的目的是保证在生产经营活动中的劳动者及相关人员的人身安全、健康,保证财产安全,促进经济的发展,保持社会的稳定。 24.√ 25.√ 26.√ 27.√ 28.√ 29.× 《企业职工伤亡事故分类》(GB 6441—1986)将安全事故分为20种。 30.× 车辆、船舶以及其他交通工具发生的燃烧事故,或者由此引起的其他物件燃烧的事故属于火灾事故。 31.× 一般事故,是指造成3人以下死亡,或者10人以下重伤,或者1000万元以下直接经济损失的事故。 32.√

车用加气站操作员高级模拟试卷及参考答案

理论知识试卷

考试时间:90分钟

一、判断题(第1题～第40题。将判断结果填入括号中。正确的填"√",错误的填"×"。每题0.5分,满分20.0分)

( )1. CNG加气母站中加压后的成品气经机体自带出口缓冲装置消除脉冲,直接向子站拖车充气。

( )2. 加气母站中加压后的成品气经机体自带出口缓冲装置消除脉冲后,直接向子站拖车充气。

( )3. 在给天然气汽车加气时,按照子站拖车—中压CNG储气井(瓶组)—高压CNG储气井(瓶组)的顺序为车辆加气。

( )4. 液压系统中循环油液在工作温度为-40～100℃时能保证系统正常工作。

( )5. 控制柜通过PLC控制程序控制系统的自动运行,对子站设备进行自动监控。

( )6. 加气站用于给天然气车辆提供压缩天然气的储气设施,称为站用储气设施。

( )7. 并联小气瓶储气库的缺点是气瓶不易购买,价格较高。

( )8. 无缝大容积储气瓶在运行过程中,只需定期进行外观检查和测厚检查,不需拆除连接件进行其他检测,运行维护费用低。

( )9. 对于储气井,要根据井深决定井筒和管箍接头的数量。

( )10. 电子标签只能够记录CNG气瓶一个季度内使用过程的信息。

( )11. 站用储气设备的作用是在没有车辆加气时先由压缩机将其压力充至25MPa以备用。

( )12. 长管拖车视其使用子站类型不同,又分为液压子站长管拖车和压缩子站长管拖车。

( )13. 液压子站长管拖车前仓由气阀、管路、爆破片等组成。

( )14. 压缩子站长管拖车系统是由储气瓶组、瓶阀、主阀、端塞、管路、爆破片和导静电带等组成。

( )15. 复合材料气瓶是最早使用的气瓶。

( )16. 钢质气瓶的安全系数很高,生产和检验的要求也低。

( )17. 天然气母站的工艺流程中包含天然气脱水装置。

( )18. 管束车储存压缩天然气时,最高只达到18MPa。

( )19. 液压子站中,液压油可以完全充满某一拖车钢瓶。

( )20. 液压油管连接时应逐渐用力向前推,听到"咔嗒"声,高压软管内、外螺纹接头即是锁住,连接成功。

( )21. 如果快装接头难以推到要求位置,可打开拖车上CNG管路气块的放散阀,待泄压完毕后再连接快装接头,并关闭放散阀。

(　)22. 将液压橇的空气管多孔内螺纹接头的定位销对准拖车外螺纹接头有缺口的部位,使插头和插座同轴,对正后轻轻插入,确认到位后,拧紧锁紧螺母。

(　)23. 关闭顶升注油阀及顶升液压系统,将顶升操作阀阀杆扳到"关"状态。

(　)24. 顶升装置的驱动组件不包含齿轮、齿轮盘、螺杆与马达。

(　)25. 气瓶进行置换后,第一次充装天然气的压力不得超过规定值,经检查确认无泄漏或其他异常情况后,再加气到额定工作压力20MPa。

(　)26. 消防灭火器材必须按照加气站内设计要求放置到规定地点。

(　)27. 计量检定部门应对加气站的可燃气体报警装置进行测试和调校。

(　)28. 加气站用于给天然气汽车提供压缩天然气的储气设施,称为站用储气设施。

(　)29. 焊缝检验的标准为《现场设备、工业管道焊接工程施工规范》(GB 50236—2011)。

(　)30. 在制造厂已完成吹扫和压力试验并附有资质部门检验的压缩机、泵、加气机、储气罐等有关容器设备,现场还需再进行吹扫和压力试验。

(　)31. 管道在吹扫前,应编制详细的吹扫方案,并按系统分段进行。

(　)32. 并联小气瓶储气库的缺点是气瓶不易购买,价格较高。

(　)33. 加气站防静电、防雷击、接地装置进行检查测试比例不少于80%,符合要求。

(　)34. 在加气站,必要时可以敲击、碰撞瓶式压力容器。

(　)35. 危险、危害因素是指能对人造成伤亡、对物造成突发性损坏或影响人的身体健康导致疾病、对物造成慢性损坏的因素。

(　)36. 对危险、危害因素进行分类,是为了便于进行危险、危害因素分析。

(　)37. 电危害因素包括带电部位裸露、漏电、雷电、静电、电火花和其他电危害。

(　)38. 自燃性物质属于化学性危险、危害因素。

(　)39. 活的发病的生物属于传染病媒介物。

(　)40. 指挥错误属于心理、生理性危险、危害因素。

二、单项选择题(第41题~第160题。选择一个正确的答案,将相应的字母填入题内的括号中。每题0.5分,满分60.0分)

41. 在用天然气直接置换管道内空气的过程中,天然气与空气的混合气体随着天然气输入量的增加可达到(　)。

(A)着火温度　　(B)爆炸极限　　(C)爆炸温度　　(D)流量极限

42. 天然气和甲烷具有(　)的爆炸极限。

(A)不确定　　(B)相同　　(C)不变　　(D)不同

43. 爆炸性混合气体的原始温度升高,则其爆炸极限范围(　)。

(A)不变　　(B)缩小　　(C)扩大　　(D)不确定

44. 在爆炸极限下限浓度时,氧气对于可燃性气体是(　)。

(A)过量的　　(B)不足的　　(C)没有影响的　　(D)不确定的

45. 随着惰性气体浓度(体积分数)的增加,则爆炸性混合气体爆炸极限范围(　)。

(A)扩大　　(B)不变　　(C)缩小　　(D)不确定

46. 一般来说,初始压力(　),爆炸极限范围也扩大,尤其是爆炸极限上限显著提高。

(A)不变　　(B)增大　　(C)调整　　(D)降低

47. 当充装可燃气体容器内径( )到一定程度时,火焰就会熄灭。
(A)不影响   (B)不变   (C)变小   (D)变大

48. 点火源与混合物的接触时间( ),爆炸性混合物的爆炸危险性增加。
(A)变长   (B)变短   (C)不影响   (D)不确定

49. 天然气的爆炸极限为( )。
(A)5%~15%   (B)25%~30%   (C)1%~10%   (D)15%~25%

50. 由于物质的化学性质不同,其热值也不同,下列物质中热值最高的是( )。
(A)甲烷   (B)乙烷   (C)丙烷   (D)氢气

51. 由于物质的化学性质不同,其爆炸极限也不同,下列物质中爆炸极限范围最窄的是( )。
(A)甲烷   (B)乙烷   (C)丙烷   (D)氢气

52. 可燃物质在空气的中( )的作用下,一遇明火即可进行燃烧。
(A)CO_2 (B)O_2 (C)H_2 (D)N_2

53. 如果橇内泄漏的燃气浓度达到( )(体积分数)时,燃气报警探头向燃气报警控制装置发出信号。
(A)0.1%   (B)0.01%   (C)0.0001%   (D)0.00001%

54. 天然气脱水装置中,一般采用( )作为脱水吸附剂。
(A)氧化铁   (B)生石灰   (C)五氧化二磷   (D)4A分子筛

55. 液压子站设备的运行由控制系统的( )来控制。
(A)计算器   (B)SCADA   (C)CPU   (D)PLC

56. 活塞式压缩机主要适用于一些流量不大但( )要求较高的场合。
(A)流速   (B)动力   (C)体积   (D)压力

57. 无缝大容积储气瓶的水容积可能为( )L。
(A)2000   (B)1800   (C)1600   (D)1400

58. 子站拖车到站后,应将( )与拖车的导静电片连接。
(A)传输线   (B)静电接地线   (C)导线   (D)天线

59. 设备操作人员须由( )的专业人员进行操作和维护。
(A)身体健康、经过培训且考核合格后   (B)身体健康、经过培训后
(C)身体健康   (D)经过培训且考核合格后

60. 加气场站现场严禁堆放( )。
(A)工程施工物资   (B)易燃易爆物品   (C)工具器械   (D)消防设施

61. 加气机突发天然气泄漏现场应急处置步骤正确的是( )。
(A)停产、关阀、撤人、禁火、警戒、报告、放散、处置、恢复
(B)停产、关阀、禁火、撤人、警戒、报告、放散、处置、恢复
(C)停产、撤人、关阀、禁火、警戒、报告、放散、处置、恢复
(D)停产、撤人、关阀、放散、禁火、警戒、报告、处置、恢复

62. 压力容器安全阀的校检应由( )实施。
(A)使用单位   (B)生产厂   (C)技术监督部门   (D)现场操作技师

63. 消防灭火器材必须按照加气站内设计要求的( )和( )进行配备。
(A)高低、规格   (B)数量、大小   (C)数量、规格   (D)高低、大小

64. 加气过程中,当加气嘴出现泄漏时,应( )。
(A)停止加气并整改　　　　　　　　(B)加完气后整改
(C)认为正常　　　　　　　　　　　(D)支通知维修人员

65. 子站拖车钢瓶里原有气体是( ),首先要进行天然气置换。
(A)空气　　　(B)氮气　　　(C)氢气　　　(D)氧气

66. 天然气汽车及各类加气站所使用的存储和运送天然气的容器称为( )。
(A)储气设施　　(B)钢瓶　　(C)管束车　　(D)气罐

67. 子站拖车卸气前应检查压力表是否完好,记录拖车到站( )。
(A)压力　　　(B)质量　　　(C)时间　　　(D)位置

68. 储气井排污口下部设有( )根排污管。
(A)2　　　(B)3　　　(C)1　　　(D)4

69. 经检验的焊缝应在竣工图上( )并填写存档资料。
(A)标明位置　　(B)编号　　(C)编写焊工代号　　(D)以上全是

70. 气动快装接头使用的工作介质是( )。
(A)水　　　(B)压缩空气　　(C)天然气　　(D)惰性气体

71. 液压橇启动操作检查项不包括( )。
(A)空压机气体储罐压力达到设定值(0.4~0.7MPa)
(B)检查确认关闭拖车后仓所有管路的放散阀
(C)确认各气动球阀处于关闭状态
(D)确认前仓(CNG)气动控制快装接头是否完好

72. 储气井也有缺点,如耐压试验无法检测强度和( )。
(A)密度　　　(B)温度　　　(C)密封性　　(D)质量

73. 超高压压力容器是指承受压力要求( )。
(A)大于50MPa　(B)小于100MPa　(C)大于100MPa　(D)小于50MPa

74. 一般车载储气瓶的单瓶容积为( )L。
(A)20~30　　(B)40~60　　(C)50~90　　(D)80~130

75. 并联小气瓶储气库中气瓶的水容积可能为( )L。
(A)70　　　(B)20　　　(C)100　　　(D)200

76. 加气机计量准确度不低于( )级。
(A)1.2　　　(B)1.5　　　(C)1.0　　　(D)2.0

77. 加气站出现重大事故或污染时,应进行新的风险( )。
(A)学习　　　(B)维护　　　(C)评价　　　(D)认识

78. 液压子站长管拖车系统不包括( )。
(A)储气瓶组　　(B)液力顶升泵　　(C)前仓管路阀件　　(D)后仓管路阀件

79. 钢制气瓶适用于( )车辆。
(A)大型　　　(B)中型　　　(C)小型　　　(D)各型

80. 进行CNG管束车的日常检验,发现框架出现局部油漆剐蹭脱落现象时,应采取( )措施。
(A)补漆　　　(B)紧固　　　(C)更换法兰　　(D)清洁

81. 管束车钢瓶两端的端塞应( )检漏,出现漏气要停止使用拖车,通知专业厂家维修。
(A)每天　　　　　(B)每月　　　　　(C)每季度　　　　(D)每周

82. 快装接头的连接如不灵活,滤芯、油封影响装卸介质,应及时( )。
(A)紧固　　　　　(B)更换　　　　　(C)松动　　　　　(D)调整

83. 下列不属于液压子站液压系统组成部分的是( )。
(A)高压泵　　　　(B)止回阀　　　　(C)溢流阀　　　　(D)液体储罐

84. 液压子站气动系统的小型压缩机安装区域,其环境温度应控制为( )℃。
(A)5~50　　　　　(B)-8~50　　　　(C)5~60　　　　　(D)-8~60

85. 站用储气设施的额定工作压力为( )MPa。
(A)20　　　　　　(B)25　　　　　　(C)22　　　　　　(D)19

86. 并联小气瓶储气库是指将( )个小型高压气瓶并联在一起,以获得较大的容积。
(A)2~10　　　　　(B)10~50　　　　 (C)60~200　　　　(D)300~400

87. 下面不属于液压站液压油管路连接操作程序的是( )。
(A)固定管束车后门
(B)连接油管线放散管
(C)连接单、双油路快装接头
(D)将半挂车上快装内螺纹接头上活动锁套向前推到要求的位置

88. 储气井排污口下部设有( )根排污管。
(A)2　　　　　　　(B)1　　　　　　　(C)3　　　　　　　(D)4

89. CNG电子标签是一种带( )存储区的电子芯片。
(A)数据　　　　　(B)数字　　　　　(C)文件　　　　　(D)文字

90. 适当设置加气站用储气设施,可以降低压缩机的( )。
(A)工作压力　　　(B)功率　　　　　(C)开停机频率　　(D)排气量

91. 运输用储气设施额定工作压力为( )MPa。
(A)10　　　　　　(B)15　　　　　　(C)20　　　　　　(D)30

92. 液压子站拖车系统不包括( )。
(A)储气瓶组　　　(B)液力顶升泵　　(C)前仓管路阀件　(D)后仓管路阀件

93. 若压缩子站拖车系统有8个瓶阀,则它有( )个主阀。
(A)0　　　　　　　(B)1　　　　　　　(C)2　　　　　　　(D)3

94. 车载储气瓶包括( )。
(A)钢质气瓶和复合材料气瓶　　　　　(B)铝质气瓶和塑料气瓶
(C)塑料气瓶和复合材料气瓶　　　　　(D)复合材料气瓶和塑料气瓶

95. 钢质车载储气瓶瓶体材料一般选用( )。
(A)不锈钢　　　　(B)碳钢　　　　　(C)铬钼钢　　　　(D)无缝钢管

96. 钢质车用储气瓶的规格中不包括( )。
(A)水容积　　　　(B)外径　　　　　(C)高度　　　　　(D)试压压力

97. 目前在用的压缩天然气运输管束车使用的是( )。
(A)金属内胆全缠绕气瓶　　　　　　　(B)钢质气瓶
(C)塑料内胆全缠绕气瓶　　　　　　　(D)铝质气瓶

98. 目前使用的复合材料气瓶,其爆破压力超过( )MPa。
(A)73 (B)25 (C)20 (D)100

99. 对于车载储气瓶而言,有两个技术指标是使用者所关心的,一是气瓶质量,另一个是( )。
(A)充装压力 (B)充装速度 (C)气瓶体积 (D)瓶体颜色

100. 电子标签可以将( )信息绑定在一起。
(A)车辆、气瓶和车主信息 (B)车辆、气瓶和加气站信息
(C)车辆、车主信息和加气站信息 (D)车辆、加气员信息和加气站信息

101. 加气操作人员利用( )扫描电子标签。
(A)手持扫描仪 (B)手持记录仪 (C)手持探测仪 (D)手持检录仪

102. 管束车钢瓶两端的端塞应( )检漏,出现漏气要停止使用管束车,通知专业厂家维修。
(A)每天 (B)每月 (C)每季度 (D)每周

103. 管束车上的压力表按规定要定期进行( )。
(A)更换 (B)校验 (C)紧固 (D)清洁

104. 子站拖车到站后,要确认装载的天然气压力不超过( )MPa。
(A)20 (B)25 (C)18 (D)15

105. 液压站卸气前检查事项不包括( )。
(A)检查阀门是否连接牢固 (B)检查有无泄漏
(C)检查专用半挂车(拖车)上各高压管件 (D)检查卸气柱软管与拖车是否连接好

106. 管束车的管路阀门出现变形或裂纹时,应( )。
(A)停止使用,通知专业厂家处置
(B)清理
(C)紧固
(D)调整注液高压软管内、外螺纹接头即脱开

107. 检查压缩机紧固件是否松动,若有松动,应停机泄压后予以紧固,这属于( )维护保养。
(A)每日 (B)每周 (C)每月 (D)每年

108. 检查压缩机所有接头及阀门是否泄漏,若有泄漏,则及时处置,这属于( )维护保养。
(A)每日 (B)每周 (C)每月 (D)每年

109. 下面不属于气动控制系统管路连接注意事项的是( )。
(A)确认前仓(CNG)气动控制快装接头是否完好
(B)确认后仓(液压油)气动控制快装接头是否完好
(C)确认钢瓶独立控制快装接头是否完好
(D)确认加气外螺纹接头是否完好

110. 检查确认顶升油路泄压阀处于关闭状态,其主要目的是( )。
(A)防止油箱被高压油冲裂 (B)防止漏油
(C)防止泄压 (D)防止漏气

111. 生产经营单位在生产经营活动中导致原生产经营活动(包括与生产经营活动有关的活动)暂时中止或永远终止的意外事件称为( )。
 (A)安全事故　　　　(B)生产事故　　　　(C)责任事故　　　　(D)一般事故

112. 生产经营单位在生产经营活动中发生的安全事故不包括( )。
 (A)伤害人身安全和健康　　　　　　　　(B)更换老旧设备
 (C)造成经济损失　　　　　　　　　　　(D)损坏设备设施

113. 造成30人以上死亡,或者100人以上重伤(包括急性工业中毒,下同),或者1亿元以上直接经济损失的事故称为( )。
 (A)重大事故　　　　(B)特别重大事故　　(C)较大事故　　　　(D)一般事故

114. 应急工作的出发点和落脚点是( )。
 (A)保障公有财产安全　　　　　　　　　(B)保障人民生命财产安全
 (C)保障资金安全　　　　　　　　　　　(D)确保不发生二次伤害发生

115. 液压橇启动操作不包括( )。
 (A)连接好 8# 钢瓶独立控制快装接头
 (B)启动空压机和空气脱水装置
 (C)打开拖车上的卸气总阀,打开单、双注(回)油路总阀
 (D)打开橇体上的单、双注(回)油路总阀以及 CNG 管路总阀

116. 液压管束拖车后仓不包含的操作部件是( )。
 (A)控制快装接头　　　　　　　　　　　(B)高压液体进、出口快装接头
 (C)液压支撑杆　　　　　　　　　　　　(D)高压天然气进、出口快装接头

117. 目前使用的复合材料气瓶,其爆破压力超过( )MPa。
 (A)73　　　　　　　(B)25　　　　　　　(C)20　　　　　　　(D)100

118. 液压油全部返回储罐时,应将( )钢瓶气动控制快装接头转接至满车。
 (A)8#　　　　　　　(B)1#　　　　　　　(C)全部　　　　　　(D)除8#以外

119. 为延长卸气柱高压软管的使用寿命,应避免( )。
 (A)减少使用次数　　　　　　　　　　　(B)增加使用次数
 (C)让其长期处于高压膨胀状态　　　　　(D)让其长期处于低压状态

120. 检查确认顶升油路泄压阀处于关闭状态,其主要目的是( )。
 (A)防止油箱被高压油冲裂　　　　　　　(B)防止漏油
 (C)防止泄压　　　　　　　　　　　　　(D)防止漏气

121. 拖车顶升时,拖车举升油缸上升到仰角为( )。
 (A)5°~10°　　　　　(B)8°~13°　　　　　(C)9°~15°　　　　　(D)10°~15°

122. 启动卸气柱前要确认( )已关闭。
 (A)放散阀　　　　　(B)电源　　　　　　(C)管束车球阀　　　(D)储气井入口阀

123. 若卸气过程中出现意外事故,不应( )。
 (A)指挥人员离开事故现场　　　　　　　(B)切断卸气柱电源
 (C)近距离观察事故原因　　　　　　　　(D)关闭卸气柱进口阀

124. 车载储气瓶进行置换后,第一次充装天然气的压力不得超过( )MPa。
 (A)3　　　　　　　　(B)5　　　　　　　　(C)10　　　　　　　(D)15

125. 加气站投产过程中使用的工具必须( )。
(A)防雷　　　　(B)防爆　　　　(C)防水　　　　(D)防火

126. 加气站压力表的检定周期为( )。
(A)半年　　　　(B)一年　　　　(C)一年半　　　　(D)两年

127. 经检验的天然气管道焊缝应在竣工图上( )并填写存档资料。
(A)标明位置　　(B)编号　　　　(C)焊工代号　　　(D)以上全是

128. 加气设备空气吹扫压力不得超过设备的( )。
(A)设计压力　　(B)工作压力　　(C)整定压力　　　(D)起跳压力

129. 严密性试验时安全阀等仪表元件应( )。
(A)全部拆下　　(B)安装复位　　(C)部分拆下　　　(D)部分复位

130. 危险源辨识的方法包括( )。
(A)查阅有关资料、记录,获取危险源信息
(B)通过施工任务和现场环境分析,辨识有关危险源
(C)运用已编制的安全检查表,辨识存在的危险源
(D)以上都是

131. 换用车载储气瓶的新气瓶或气瓶进入空气时,应对瓶内空气进行( )。
(A)排空　　　　(B)增压　　　　(C)置换　　　　(D)抽空

132. 加气设备强度试验压力取值为( )的设计压力。
(A)1.15倍　　　(B)1.20倍　　　(C)1.25倍　　　(D)1.5倍

133. 加气设备严密性试验压力取值为( )的设计压力。
(A)1.15倍　　　(B)1.20倍　　　(C)1.25倍　　　(D)1.5倍

134. 通常用于车载储气器置换的气体是( )。
(A)氮气　　　　(B)氧气　　　　(C)氢气　　　　(D)水蒸气

135. 实际气体状态方程是( )。
(A)$pV = nRT$　　(B)$pV = ZnRT$　　(C)$p_1 V_1 = p_2 V_2$　　(D)$p_1 V_2 = p_2 V_1$

136. 设备维护保养"十字"作业方针是( )。
(A)清洁、润滑、调整、紧固、防腐　　　　(B)清洁、润滑、调整、修理、防腐
(C)清洁、润滑、检查、紧固、防腐　　　　(D)排污、润滑、调整、紧固、防腐

137. 下列关于加气机巡检部位叙述正确的是( )。
(A)检查加气枪接口是否损坏,枪阀(二位三通阀)有无漏气
(B)检查加气枪头密封圈
(C)检查软管损坏(切痕、开裂、凸起、冒泡、磨损等原因而导致增强材料暴露在外套外面)或泄漏现象
(D)以上都是

138. 加气机加气时常爆枪头,原因是( )。
(A)密封圈质量不好或规格不合适　　　　(B)汽车车瓶加气口磨损严重
(C)枪头磨损严重　　　　　　　　　　　(D)以上都可能

139. 加气机由( )进行检定。
(A)消防部门　　(B)质量监督部门　　(C)安全部门　　　(D)公司内部

140. 属于加气机检定方法的是( )
(A)质量检定法　　(B)流量检定法　　(C)目测检测法　　(D)比较检定法

141. 标准表检定法的检定标准是( )级标准流量计。
(A)0.1　　(B)0.2　　(C)0.5　　(D)1.0

142. 加气机检定使用的标准装置应经计量检定合格,并在( )内方可使用。
(A)使用期　　(B)有效期　　(C)无效期　　(D)测量期

143. 加气站现场严禁堆放( )。
(A)工程施工物资　　(B)易燃易爆物品　　(C)工具器械　　(D)消防设施

144. 加气必须由( )的专业人员对加气设备进行操作和维护。
(A)身体健康、经过培训且考核合格　　(B)身体健康、经过培训
(C)身体健康　　(D)经过培训且考核合格

145. 危险因素强调( )
(A)突发性和长期作用　　(B)突发性和瞬间作用
(C)随机性和长期作用　　(D)随机性和瞬间作用

146.《生产过程危险和有害因素分类与代码》(GB/T 13861—2009)对生产过程中危险、危害因素分为( )类。
(A)3　　(B)5　　(C)6　　(D)8

147. 以下不属于物理性危险、危害因素"设备、设施缺陷"的是( )。
(A)强度不够　　(B)刚度不够　　(C)支撑不当　　(D)外露运动件

148. 以下不属于化学性危险、危害因素"有毒物质"的是( )。
(A)硫化氢　　(B)氧气　　(C)水银　　(D)一氧化碳

149. 以下不属于生物性危险、危害因素"致病微生物"的是( )。
(A)酵母菌　　(B)H7N9　　(C)乙肝病毒　　(D)大肠杆菌

150. 以下不属于心理、生理性危险、危害因素的是( )。
(A)负荷超限　　(B)心理异常　　(C)作业环境不良　　(D)辨识功能缺陷

151. 以下属于危险、危害因素辨识内容的是( )。
(A)工作环境
(B)运输路线
(C)劳动组织生理、心理因素和人机工程学因素
(D)以上都是

152. 以下属于事故预防对策中重要环节的是( )。
(A)消除、预防和减弱危险　　(B)危害因素的技术措施
(C)危害因素的管理措施　　(D)以上都是

153. 加气站应急预案要形成完整的( )。
(A)标准　　(B)规范　　(C)方案　　(D)文件体系

154. 以下属于危险因素辨识内容的是( )。
(A)工作环境　　(B)运输路线　　(C)施工工序　　(D)以上都是

155."安全生产管理规章制度、生产运营安全管理、安全教育培训、安全检查、应急管理"属于( )里的内容。
(A)安全生产管理　　(B)安全生产管理方针

(C)安全生产管理概念　　　　　　　　(D)安全生产管理目标

156. 安全生产责任制主要指企业的各级领导、职能部门和在一定岗位上的劳动者个人对( )应负责任的一种制度。
(A)安全生产工作　　(B)设备运行工作　　(C)正常输气工作　　(D)设备保养工作

157. 以下加气机突发天然气泄漏现场应急处置步骤正确的是( )。
(A)停产、关阀、撤人、禁火、警戒、报告、放散、处置、恢复
(B)停产、关阀、禁火、撤人、警戒、报告、放散、处置、恢复
(C)停产、撤人、关阀、禁火、警戒、报告、放散、处置、恢复
(D)停产、撤人、关阀、放散、禁火、警戒、报告、处置、恢复

158. 应急工作的出发点和落脚点是( )。
(A)保障公共财产安全　　　　　　　　(B)保障人民生命财产安全
(C)保障资金安全　　　　　　　　　　(D)确保不发生二次伤害发生

159. 根据公司内部安全工作实际和生产发展情况以及市场经济发展带来新的要求,对公司( )应进行重新修订、汇编,形成一套完整的安全制度体系,从而使公司的安全生产有章可循,安全管理得到了制度化、标准化。
(A)应急演练制度　　(B)岗位责任制　　(C)安全生产规章制度(D)设备操作规程

160. 加气柱被拖车拉倒造成泄漏后的处理措施包括( )。
(A)切断加气柱电源　　　　　　　　(B)停压缩机
(C)关闭去加气柱切断球阀,切断天然气　　(D)以上都是

三、多项选择题(第161题~第180题。选择一个或多个正确的答案,将相应的字母填入题内的括号中。每题1.0分,满分20.0分)

161. 压缩天然气母站流程的设备装置包括( )。
(A)调压装置　　(B)脱硫、脱水装置　　(C)液压橇体装置　　(D)压缩机

162. 当液压子站管束车停到相应的停车位置后,要分别连接到( )。
(A)液压油高压管路　　　　　　　　(B)压缩空气控制管路
(C)CNG高压管路　　　　　　　　　(D)压缩机控制管路

163. 压缩子站天然气压缩机的充气对象包括( )。
(A)天然气汽车　　(B)天然气拖车　　(C)中压储气井　　(D)高压储气井

164. 爆炸极限的影响因素包括( )。
(A)温度　　(B)压力　　(C)惰性介质　　(D)氧含量

165. 为提高储气设备内气体的利用率,站用储气设备一般按容积划分为1~3组,相应称为( )。
(A)低压组　　(B)中压组　　(C)次中压组　　(D)高压组

166. 在储气井的结构示意图中可以找到的部件是( )。
(A)压力表　　(B)排液阀　　(C)检修阀　　(D)进气接管

167. 站用储气设备主要有( )。
(A)无缝大容积储气瓶　　　　　　　(B)管道储气库
(C)并联小气瓶储气库　　　　　　　(D)储气井

168. 运输用储气设施的组成部分包括( )。
(A)无缝大容积储气瓶　　　　　　　(B)储气瓶组
(C)运输半挂拖车底盘　　　　　　　(D)牵引车

169. 关于液压加气子站拖车到站操作说法正确的是( )。
(A)设置隔离桩,禁止无关人员进入
(B)将静电接地线与拖车的导静电片连接
(C)将拖车停放在卸气区指定的充装车位,牵引车熄火,不需制动
(D)打开拖车后仓门,挂好风钩,固定好仓门

170. 液压加气子站卸气前管路连接操作包括( )。
(A)高压天然气管路连接　　　　　　(B)气动控制系统连接
(C)液压油管路连接　　　　　　　　(D)顶升系统连接

171. 液压加气子站液压橇启动操作叙述正确的是( )。
(A)启动空压机和空气脱水装置,使气体储罐压力达到0.6～0.8MPa
(B)操作时应打开拖车上的卸气总阀以及单、双注(回)油路总阀
(C)检查确认关闭拖车后仓所有管路的放散阀
(D)各钢瓶手动球阀应处于开启状态

172. 属于压缩加气子站卸气前准备及检查工作的是( )。
(A)将子站拖车固定好,连接静电接地线
(B)打开子站拖车后仓门,自动刹车装置启动
(C)检查子站拖车上各部件是否连接牢固
(D)检查子站拖车上各部件有无泄漏等情况

173. 加气设备、管道吹扫前应将( )等部件拆除,扫吹结束后复位。
(A)调压阀　　　(B)安全阀　　　(C)止回阀　　　(D)仪表

174. 关于加气管道压力试验的说法正确的是( )。
(A)设备强度试验压力取值为1.25倍的设计压力
(B)管道强度试验取值为1.5倍的设计压力
(C)强度试验时,环境温度应高于8℃
(D)强度试验注水时,应排净试验设备和管道内的空气

175. 在加气设备的严密性试验中,以下说法中正确的是( )。
(A)严密性试验时安全阀等仪表元件可不安装复位
(B)严密性试验压力取值为1.15倍的设计压力
(C)严密性试验的介质为天然气
(D)严密性试验停压时间应根据查漏情况而定

176. 关于加气设备维修保养制度说法正确的是( )。
(A)操作人员必须严格遵守操作规程
(B)操作人员应做好设备日常维护保养工作
(C)操作人员应严格执行设备润滑管理制度
(D)操作人员应正确使用和维护好设备

177. 属于加气站安全措施的是( )。
(A)加气站现场严禁堆放易燃易爆物品

(B)防静电、防雷击、接地装置进行90%检查测试,符合要求
(C)按照设计要求配备足够有效的防火、防爆消防灭火器材并按规定就位
(D)对所有动、静密封点进行检查,工作区域不漏油、不漏气

178. 加气站的安全注意事项包括( )。
(A)操作人员穿防静电工作服,严禁带火种
(B)严禁敲击、碰撞瓶式压力容器
(C)车载钢瓶内的气体不得用尽,容器内剩余压力不应小于5MPa
(D)严禁在瓶体上用火焰、等离子切割挖补或焊接修理

179. 对危险、危害因素进行分类,是为便于进行危险、危害因素分析。《生产过程危险和有害因素分类与代码》(GB/T 13861—2009)将危险、危害因素分为6类,包括( )。
(A)物理性危险、危害因素   (B)化学性危险、危害因素
(C)行为性危险、危害因素   (D)心理、生理性危险、危害因素

180. 物理性危险、危害因素"电磁辐射"包括( )。
(A)X射线   (B)γ射线   (C)紫外线   (D)液体飞溅

技能操作试卷

一、操作卸气后的液压系统(30分)

1. 考核要求

(1) 必须穿戴劳保用品。

(2) 必要的工具、用具准备齐全。

(3) 掌握基本操作要领。

(4) 按要求完成操作项目,质量符合技术要求。

(5) 能够正确使用设备和工具、量具。

(6) 操作程序符合安全文明生产规定。

2. 准备要求

(1) 设备准备。

序号	名称	规格	数量	备注
1	管束车	安瑞科牌 HGJ9350GGQ	1台	鉴定站准备

(2) 材料准备。

序号	名称	规格	数量	备注
1	记录本	A4	1本	鉴定站准备
2	扳手		1套	鉴定站准备

(3) 工具、用具准备。

序号	名称	规格	数量	备注
1	防静电工服		1套	考生准备
2	防静电工鞋		1双	考生准备
3	线手套		1副	考生准备

3. 操作程序说明

(1) 准备工作。

(2) 关闭管束车上加气主阀。

(3) 关闭8个瓶阀。

(4) 关闭卸气柱进气阀。

(5) 打开卸气柱上放散阀。

(6) 将卸气软管泄压。

(7) 卸下卸气软管。

(8) 收起液压杆。

(9) 收起辅助支腿。

(10) 拆下导静电带。

(11) 关闭仓门。

4. 考核规定说明

(1) 如操作违章,将停止考核。

(2)考核采用百分制,考核项目得分按鉴定比重进行折算。

(3)考核方式说明:该项目为实际操作题,考核过程按评分标准及操作过程进行评分。

(4)测试技能说明:本项目主要测试考生对操作卸气后的液压系统掌握的熟练程度。

5. 考核时限

(1)准备时间:5min(不计入考核时间)。

(2)正式操作时间:20min。

(3)提前完成操作不加分,到时间停止操作考核。

二、识读加气站工艺流程图(30分)

1. 考核要求

(1)必须穿戴劳保用品。

(2)必要的工具、用具准备齐全。

(3)掌握基本操作要领。

(4)按要求完成操作项目,质量符合技术要求。

(5)能够正确使用设备和工具、量具。

(6)操作程序符合安全文明生产规定。

2. 准备要求

(1)材料准备。

序号	名称	规格	数量	备注
1	加气站工艺流程图;包含CNG常规站、CNG加气母站、CNG加气子站(压缩子站、液压子站)		各类图纸各1份	鉴定站准备
2	记录本		1个	鉴定站准备

(2)材料准备。

序号	名称	规格	数量	备注
1	工作台(长条桌)	100mm×80mm	1套	鉴定站准备

(3)工具、用具准备。

序号	名称	规格	数量	备注
1	防静电工服		1套	考生准备
2	防静电工鞋		1双	考生准备
3	线手套		1副	考生准备

3. 操作程序说明

(1)准备工作。

(2)熟悉流程图基础知识。

(3)识读加气站生产工艺流程图。

(4)清理现场。

4. 考核规定说明

(1)如操作违章,将停止考核。

(2)考核采用百分制,考核项目得分按鉴定比重进行折算。
(3)考核方式说明:该项目为实际操作题,考核过程按评分标准及操作过程进行评分。
(4)测试技能说明:本项目主要测试考生对识读加气站工艺流程图掌握的熟练程度。

5. 考核时限

(1)准备时间:5min(不计入考核时间)。
(2)正式操作时间:25min。
(3)提前完成操作不加分,到时间停止操作考核。

三、NGV加气枪拆装(30分)

1. 考核要求

(1)必须穿戴劳保用品。
(2)必要的工具、用具准备齐全。
(3)掌握基本操作要领。
(4)按要求完成操作项目,质量符合技术要求。
(5)能够正确使用设备和工具、量具。
(6)操作程序符合安全文明生产规定。

2. 准备要求

(1)设备准备。

序号	名称	规格	数量	备注
1	NGV加气枪		1把	鉴定站准备

(2)材料准备。

序号	名称	规格	数量	备注
1	开口扳手		1套	鉴定站准备
2	内六角扳手		1套	鉴定站准备
3	管钳		1把	鉴定站准备
4	台虎钳		1把	鉴定站准备
5	螺丝刀		2把	鉴定站准备

(3)工具、用具准备。

序号	名称	规格	数量	备注
1	防静电工服		1套	考生准备
2	防静电工鞋		1双	考生准备
3	线手套		1副	考生准备

3. 操作程序说明

(1)准备工作。
(2)拆卸NGV枪头。
(3)拆卸二位三通阀。

(4)分解二位三通阀。

(5)组装 NGV 枪头。

(6)组装二位三通阀。

(7)组装加气枪。

(8)清理现场。

4. 考核规定说明

(1)如操作违章,将停止考核。

(2)考核采用百分制,考核项目得分按鉴定比重进行折算。

(3)考核方式说明:该项目为实际操作题,考核过程按评分标准及操作过程进行评分。

(4)测试技能说明:本项目主要测试考生对 NGV 加气枪拆装掌握的熟练程度。

5. 考核时限

(1)准备时间:5min(不计入考核时间)。

(2)正式操作时间:15min。

(3)提前完成操作不加分,到时间停止操作考核。

四、使用 Word "替换"功能替换文档指定内容(10 分)

1. 考核要求

(1)必须穿戴劳保用品。

(2)必要的工具、用具准备齐全。

(3)掌握基本操作要领。

(4)按要求完成操作项目,质量符合技术要求。

(5)能够正确使用设备和工具、量具。

(6)操作程序符合安全文明生产规定。

2. 准备要求

(1)设备准备。

序号	名称	规格	数量	备注
1	计算机		1台	鉴定站准备

(2)材料准备。

序号	名称	规格	数量	备注
1	文档资料		1份	鉴定站准备
2	计算机操作台		1张	鉴定站准备
3	网络连接头		1套	鉴定站准备

(3)工具、用具准备。

序号	名称	规格	数量	备注
1	防静电工服		1套	考生准备
2	防静电工鞋		1双	考生准备

3. 操作程序说明

（1）准备工作。

（2）打开指定文档。

（3）找到"替换"功能。

（4）进入查找替换对话框。

（5）在"查找内容"对话框内输入要替换的内容。

（6）在"替换为"对话框内输入替换内容。

（7）替换。

（8）关闭对话框。

4. 考核规定说明

（1）如操作违章,将停止考核。

（2）考核采用百分制,考核项目得分按鉴定比重进行折算。

（3）考核方式说明:该项目为实际操作题,考核过程按评分标准及操作过程进行评分。

（4）测试技能说明:本项目主要测试考生对使用Word"替换"功能替换文档指定内容操作掌握的熟练程度。

5. 考核时限

（1）准备时间:5min(不计入考核时间)。

（2）正式操作时间:15min。

（3）提前完成操作不加分,到时间停止操作考核。

参 考 答 案

一、判断题(第1题~第40题。将判断结果填入括号中。正确的填"√",错误的填"×"。每题0.5分,满分20.0分)

1. ×	2. ×	3. √	4. ×	5. √	6. √	7. ×	8. √	9. √	10. ×
11. √	12. √	13. √	14. √	15. ×	16. ×	17. √	18. ×	19. ×	20. √
21. √	22. √	23. √	24. ×	25. √	26. √	27. √	28. √	29. √	30. ×
31. √	32. ×	33. ×	34. ×	35. √	36. √	37. √	38. √	39. ×	40. ×

二、单项选择题(第41题~第160题。选择一个正确的答案,将相应的字母填入题内的括号中。每题0.5分,满分60.0分)

41. B	42. D	43. C	44. A	45. C	46. B	47. C	48. A	49. A	50. C
51. A	52. B	53. B	54. D	55. D	56. D	57. D	58. B	59. A	60. B
61. B	62. C	63. C	64. C	65. B	66. A	67. A	68. C	69. D	70. B
71. D	72. C	73. C	74. A	75. A	76. C	77. C	78. B	79. A	80. A
81. D	82. B	83. B	84. A	85. A	86. C	87. A	88. B	89. B	90. C
91. C	92. B	93. B	94. A	95. C	96. D	97. B	98. A	99. C	100. A
101. A	102. D	103. B	104. A	105. D	106. A	107. B	108. B	109. D	110. A
111. A	112. B	113. B	114. B	115. B	116. C	117. B	118. A	119. C	120. A
121. B	122. A	123. C	124. B	125. D	126. B	127. D	128. B	129. B	130. D
131. C	132. C	133. A	134. B	135. B	136. B	137. D	138. D	139. B	140. A
141. B	142. B	143. B	144. B	145. B	146. C	147. C	148. B	149. A	150. C
151. D	152. D	153. D	154. D	155. A	156. A	157. B	158. C	159. C	160. D

三、多项选择题(第161题~第180题。选择一个或多个正确的答案,将相应的字母填入题内的括号中。每题1.0分,满分20.0分)

161. ABD	162. ABC	163. ACD	164. ABCD	165. ABD	166. ABCD
167. ACD	168. BCD	169. ABD	170. ABCD	171. BCD	172. ABCD
173. ABCD	174. ABD	175. BD	176. ABCD	177. ACD	178. ABD
179. ABCD	180. ABC				

附　录

附录1　车用加气站操作员职业资格等级标准

1　工种概况

1.1　工种名称

车用加气站操作员。

1.2　工种定义

从事压缩天然气场站的加气设备操作,对天然气汽车、管束车进行检查、加气、收费并对加气设备进行维护保养的人员。

1.3　工种等级

本工种共设三个等级,分别为:初级(国家职业资格五级)、中级(国家职业资格四级)、高级(国家职业资格三级)。

1.4　工种环境

室内、外作业,高危,噪声,接触燃气。

1.5　工种能力特征

身体健康,具有一定理解、表达、分析、计算、判断能力,动作协调灵活。

1.6　基本文化程度

高中毕业(或同等学历)。

1.7　培训要求

1.7.1　培训期限

全日制职业学校教育,根据其培养目标和教学计划确定期限。晋级培训期限:初级不少于280标准学时;中级不少于210标准学时;高级不少于200标准学时。

1.7.2　培训教师

培训初、中、高级的教师应具有本工种高级及以上职业资格证书或中级以上专业技术职务任职资格。

1.7.3　培训场地设备

理论培训应具有可容纳30名以上学员的教室;技能操作培训场所应具有相应的设备、工具和安全设施完善的场地。

1.8　鉴定要求

1.8.1　适用对象

从事或准备从事本职业的人员。

1.8.2　申报条件

分别按中国石油天然气集团公司、中国石油化工集团公司职业技能鉴定申报政策有关规定执行。

1.8.3 鉴定方式

分理论知识考试和技能操作考核。理论知识考试采取闭卷笔试方式,技能操作考核采用现场实际操作方式。理论知识考试和技能操作考核均实行百分制,成绩皆达60分以上(含60分)者为合格。

1.8.4 考评人员与考生配比

理论知识考试考评员与考生比例为1∶20;每个标准教室不少于2名考评人员;技能操作考核考评员与考生比例为1∶5,且不少于3名考评人员。

1.8.5 鉴定时间

理论知识考试时间为90分钟;技能操作考试不少于60分钟。

1.8.6 鉴定场所设备

理论知识考试在标准教室进行;技能操作考核在具有相应的设备、工具和安全设施完善的场所进行。

2 基本要求

2.1 职业道德

(1)爱岗敬业,自觉履行职责。
(2)忠于职守,严于律己。
(3)吃苦耐劳,工作认真负责。
(4)勤奋好学,刻苦钻研业务技术。
(5)谦虚谨慎,团结协作。
(6)安全生产,严格执行生产操作规程。
(7)文明作业,质量、环保意识强。
(8)文明守纪,遵纪守法。

2.2 基础知识

2.2.1 天然气的基础知识

(1)燃气的分类。
(2)天然气的性质。
(3)压缩天然气的质量要求。

2.2.2 场站基础知识

(1)加气站的分类及组成。
(2)计量设备的分类及工作原理。
(3)储气设施的分类。

2.2.3 电工基础知识

(1)电工基本概念。
(3)安全用电常识。
(4)防爆电器。
(5)电气设备防火、防爆知识。

2.2.4 热力学基本知识

(1) 温度。
(2) 压力。
(3) 比容。
(4) 热力学基本定律。

2.2.5 消防知识

(1) 灭火器的介绍。
(2) 灭火器的分类。

2.2.6 安全生产知识

(1) 安全生产管理要求及安全标识。
(2) 压力容器安全知识。
(3) 静电防护知识。
(4) 加气站的应急处置。

2.2.7 行业相关规范及标准知识

(1) 燃气行业相关国家标准。
(2) 燃气行业相关行业标准。

2.2.8 相关法律法规

与燃气有关法律、法规、规章以及规范性文件。

3 工 作 要 求

本《标准》对初级、中级、高级的技能要求依次递进,其中高级别包括低级别要求。

3.1 初级

职业功能	工作内容	技能要求	相关知识
一、设备原理	(一)加气站常用设备	1. 能了解调压计量装置的基本原理 2. 能了解脱硫脱水等净化装置的基本原理	1. 调压计量装置的工作原理 2. 脱硫装置的工作原理 3. 脱水装置的工作原理
	(二)加气设备	1. 能了解加气设备的工作原理 2. 能了解加气设备的技术参数 3. 能了解加气设备的基本功能	1. 加气设备的分类 2. 加气设备的工作原理 3. 加气设备的技术参数 4. 加气设备的基本功能
二、设备操作	(一)加气操作	1. 能进行加气柱加气操作 2. 能进行加气机的加气操作	1. 加气柱的操作方法 2. 加气柱的操作注意事项 3. 加气机的操作方法 4. 加气机的操作注意事项
	(二)加气费用结算	1. 能进行现金结算 2. 能进行支票结算 3. 能进行 IC 卡结算 4. 掌握加气站员工要求和员工形象	1. 假币的概念及识别 2. 支票的概念、种类及使用须知 3. IC 卡的使用 4. 员工形象和员工要求

续表

职业功能	工作内容	技能要求	相关知识
三、设备维护	（一）维护保养加气机	1. 能进行加气机排污操作 2. 能进行加气机排漏检查操作 3. 能进行加气机部件清洗操作	1. 加气机加气管路密封知识 2. 加气机零部件辨别 3. 加气机加气流程走向判断
	（二）加气站常用设备维护	1. 加气站常用仪表维护保养	1. 压力表的维护 2. 温度计的维护
四、应急安全	（一）安全检查	1. 能掌握安全生产责任制	1. 安全生产责任制
	（二）安全防护	1. 能辨别安全标识 2. 能了解静电的危害	1. 安全标识 2. 静电的危害
	（三）消防安全	1. 了解灭火器的分类 2. 能够使用灭火器灭火	1. 二氧化碳灭火器 2. 干粉灭火器 3. 化学泡沫灭火器

3.2 中级

职业功能	工作内容	技能要求	相关知识
一、设备原理	（一）加气站常用设备	1. 能了解压缩机的基本原理 2. 能了解液压增压系统的基本组成	1. 天然气压缩机的分类 2. 压缩机的工作原理 3. 液压增压系统的组成
	（二）加气设备	1. 能了解加气机各机械部件的结构和功能 2. 能了解加气设备电气控制系统的基本原理 3. 能了解加气设备流量计量装置的基本原理 4. 能了解加气设备的安全保护功能	1. 加气设备各机械部件结构和功能 2. 加气设备的电气控制系统功能 3. 流量计的分类和原理 4. 加气设备的安全保护装置
二、设备操作	（一）操作加气机	1. 能进行加气机参数查询、核对 2. 能进行定量和非定量加气操作	1. 加气机查询 2. 非定量加气 3. 定量加气
	（二）费用结算	1. 能掌握收银服务规范 2. 能鉴别假币 3. 能熟练掌握加气服务礼仪规范	1. 支票的安全管理规定 2. IC 卡的分类及特点 3. 假币的识别 4. 服务态度及服务效率
三、设备维护	（一）维护保养加气机	1. 能进行加气机各机械部件的维护、保养 2. 能维护加气机枪 3. 能进行加气机常见故障的排除及处理	1. 加气机的紧急处理 2. 加气机常见故障的排除方法 3. 加气机日常使用注意事项
	（二）加气站常用设备维护	1. 加气站净化装置的维护保养 2. 加气站常用设备的日常巡检	1. 加气站净化装置的维护 2. 加气站常用设备的巡检要点

续表

职业功能	工作内容	技能要求	相关知识
四、应急安全	(一)安全检查	1. 能掌握安全管理要求	1. 安全管理要求
	(二)安全防护	1. 能进行静电防护及处理	1. 静电的消失和防护
	(三)消防安全	1. 能了解消防器材的构造和原理 2. 能进行消防器材的维护保养	1. 消防器材的构造和原理 2. 消防器材的维护保养

3.3 高级

职业功能	工作内容	技能要求	相关知识
一、设备原理	(一)储气设施	1. 能了解压缩天然气储气设施的分类 2. 能了解压缩天然气储气设施的结构和工作原理	1. 压缩天然气站用储气设施 2. 运输用储气设施 3. 车用储气设施 4. 压缩天然气电子标签
	(二)加气设备	1. 能了解加气母站的工艺流程 2. 能了解液压式加气子站的工艺流程 3. 能了解压缩加气子站的工艺流程	1. 加气母站的工艺流程 2. 液压式加气子站的工艺流程 3. 液压子站的构成 4. 压缩式加气子站的工艺流程
二、设备操作	(一)操作加气机	1. 能进行液压加气子站卸气操作 2. 能进行压缩加气子站卸气操作 3. 能进行管束车的换车操作	1. 卸气前检查 2. 卸气前管路连接 3. 管束车顶升 4. 卸气后换车
	(二)操作液压增压设备	1. 能手动启动压缩子站增压设备 2. 能手动启动液压增压系统	1. 压缩机启动注意事项 2. 液压增压系统油路连接 3. 液压增压系统气路连接 4. 卸气柱的卸气注意事项
三、设备维护	(一)维护保养加气机	1. 能掌握进行加气机巡检要点 2. 能进行加气机维护 3. 能进行加气机故障排除	1. 设备维修保养制度 2. 加气机维护 3. 加气机常见故障
	(二)维护保养储气设施	1. 站用储气设施的维护保养 2. 运输用储气设施的维护保养	1. 储气设施的维护保养项目 2. 储气设施的维护保养方法
四、应急安全	(一)安全检查	1. 能熟知加气站安全注意事项 2. 能辨别危险和危害因素	1. 加气站安全注意事项 2. 危险源的辨识
	(二)应急处理	1. 能够应急处置加气车辆突发天然气泄漏事件 2. 能够应急处置加气机突发天然气泄漏事件 3. 能应急处置加气过程中车辆着火事件	1. 安全生产管理概念 2. 生产安全事故类别 3. 现场处置应急预案 4. 事故预防应急措施

4 比 重 表

4.1 理论知识

项目			初级,%	中级,%	高级,%
相关知识	基础知识	基础知识	30	30	27
	设备原理	加气设备	9	10	10
		加气站常用设备	6	7	10
		储气设施			7
	设备操作	加气设备操作	7	8	12
		液压增压设备操作			11
		费用结算	9	7	
		服务礼仪	6	7	
	设备维护	加气设备维护	10	11	12
		加气站常用设备维护	6	4	
		储气设施维护			7
	应急安全	消防安全	7	3	
		安全防护	7	8	
		安全检查	3	5	8
		应急处理			6
合计			100	100	100

4.2 技能操作

项目			初级,%	中级,%	高级,%
技能要求	设备操作	加气设备操作	15	15	10
		费用结算及服务礼仪	15	10	
		液压设备操作			15
		安全设备操作	5	5	5
	运行控制	识读运行参数	15	5	
		设备识别及故障处理	15	10	10
		设备运行		20	20
	维护保养	加气机维护保养	25	25	25
		加气站常用仪表维护保养	10		
		加气枪维护保养		10	5
	操作计算机	使用计算机			10
合计			100	100	100

附录2 高级车用加气站操作员理论知识鉴定要素细目表

行为领域	代码	鉴定范围（重要程度比重）	鉴定比重	代码	鉴定点	重要程度	备注
基础知识 A 27%（36:05:01）	A	天然气基础知识（14:02:00）	10%	001	爆炸极限的概念	X	
				002	爆炸极限的影响因素	X	
				003	温度对爆炸极限的影响	X	
				004	含氧量对爆炸极限的影响	X	
				005	惰性介质对爆炸极限的影响	X	
				006	初始压力对爆炸极限的影响	X	
				007	充装容器对爆炸极限的影响	X	
				008	点火源对爆炸极限的影响	X	
				009	天然气爆炸极限的范围	X	
				010	常见可燃气体的热值	X	
				011	常见可燃气体的爆炸极限	X	
				012	燃烧的稳定性	Y	
				013	燃烧势	Y	
				014	燃气的燃烧	X	
				015	理论空气量的概念	X	
				016	理论空气量的计算	X	
	B	场站基础知识（12:02:01）	10%	001	母站工艺流程	X	
				002	液压子站工艺流程	X	
				003	压缩子站工艺流程	X	
				004	液压系统	X	
				005	自动控制系统	X	
				006	燃气报警系统	X	
				007	母站天然气硫化氢含量标准	Y	
				008	天然气的脱水	Y	
				009	脱水装置结构原理	Z	
				010	储气设施的概念及分类	X	
				011	并联小气瓶储气库的概念	X	
				012	无缝大容积储气瓶的概念	X	
				013	储气井的概念	X	
				014	车载储气瓶的概念	X	
				015	CNG电子标签的概念	X	
	C	安全基础知识（10:01:00）	7%	001	加气站安全措施	X	
				002	加气站安全注意事项	X	

续表

行为领域	代码	鉴定范围（重要程度比重）	鉴定比重	代码	鉴定点	重要程度	备注
基础知识 A 27% (36:05:01)	C	安全基础知识 (10:01:00)	7%	003	危险、危害因素的概念	X	
				004	危险、危害因素的分类	X	
				005	物理性危险、危害因素	X	
				006	化学性危险、危害因素	X	
				007	生物性危险、危害因素	X	
				008	心理、生理性危险、危害因素	Y	
				009	危险、危害因素辨识的内容	X	
				010	危险源辨识的范围与方法	X	
				011	危险、危害因素的控制措施	X	
专业知识 B 73% (84:18:06)	A	设备原理 (18:05:02)	17%	001	母站脱硫装置	Y	
				002	母站天然气压缩装置	Y	
				003	母站仪表风装置	Y	
				004	母站脱水装置	X	
				005	吸附法脱水的特点	X	
				006	吸附法脱水常用吸附剂	X	
				007	分子筛的特性	Y	
				008	优先顺序控制阀的工作方式	Z	
				009	站用储气设施的分类	X	
				010	运输用储气设施的组成及分类	X	
				011	液压子站长管拖车的介绍	X	
				012	压缩子站长管拖车的介绍	X	
				013	车载储气瓶的分类	X	
				014	钢质气瓶的特点	X	
				015	钢质气瓶的主要规格	X	
				016	车载储气瓶的适用范围	X	
				017	复合材料气瓶的特点	X	
				018	车载储气瓶的衡量指标	X	
				019	CNG加气站压力容器检验规则	X	
				020	压力容器检验前的准备工作	X	
				021	压力容器安全附件检验	X	
				022	CNG电子标签的作用	X	
				023	CNG电子标签的使用及注意事项	X	
				024	对汽车专用装置的安装要求	Z	
				025	CNG汽车专用装置试验方法	Y	
	B	设备操作 (24:08:02)	23%	001	管束车的到站操作	X	
				002	液压加气子站卸气前的检查事项	X	

续表

行为领域	代码	鉴定范围（重要程度比重）	鉴定比重	代码	鉴定点	重要程度	备注
专业知识 B 73% (84:18:06)	B	设备操作 (24:08:02)	23%	003	液压加气子站液压油管路连接	X	
				004	油管路脱开注意事项	X	
				005	高压天然气管路连接	X	
				006	气动控制系统管路连接	X	
				007	管束车顶升操作	X	
				008	脱硫装置脱硫剂更换	X	
				009	脱硫装置脱硫剂更换注意事项	Y	
				010	脱硫装置脱硫剂装填步骤	Y	
				011	脱硫装置脱硫剂装填注意事项	X	
				012	液压橇启动操作	X	
				013	更换管束车操作	X	
				014	更换管束车操作注意事项	X	
				015	卸气后管束车移走操作	X	
				016	压缩机日常维护保养	X	
				017	压缩机周维护保养	X	
				018	脱水装置加热器故障分析	X	
				019	脱水装置冷却器故障分析	Z	
				020	脱水装置循环风机故障分析	Y	
				021	压缩加气子站卸气前注意事项	X	
				022	压缩加气子站管路连接	X	
				023	压缩加气子站系统启动操作	X	
				024	压缩加气子站卸气后操作注意事项	X	
				025	卸气柱操作	X	
				026	卸气柱操作注意事项	X	
				027	润滑油的概念	X	
				028	润滑油的选用	X	
				029	润滑油的性能指标	Y	
				030	润滑油污染控制	Y	
				031	润滑油使用状态监控	Y	
				032	润滑油的更换	Z	
				033	润滑油管理职能	Y	
				034	润滑油管理规定	Y	
	C	设备维护 (25:03:00)	19%	001	管束车的日常检验	X	
				002	管束车的日常维护保养	X	
				003	管束车的安全附件检查项目	X	
				004	管束车安全附件检查部位及立法	X	

续表

行为领域	代码	鉴定范围 (重要程度比重)	鉴定比重	代码	鉴定点	重要程度	备注
专业知识 B 73% (84:18:06)	C	设备维护 (25:03:00)	19%	005	工器具的准备	X	
				006	仪器仪表的调校	X	
				007	管道检查	X	
				008	管道吹扫	X	
				009	管道焊缝质量检验	X	
				010	管道焊缝质量要求	X	
				011	管道焊缝等级评定	X	
				012	管道吹扫方法	X	
				013	管道吹扫前要求	Y	
				014	管道吹扫注意事项	X	
				015	加气设备压力试验	X	
				016	加气设备严密性试验	X	
				017	管束车置换操作	X	
				018	车载储气瓶的置换操作	Y	
				019	车载储气瓶充装量理论介绍	Y	
				020	气瓶充装气量计算	X	
				021	加气站设备维护保养制度	X	
				022	加气机的日常维护	X	
				023	加气机的巡检要点	X	
				024	加气机常见故障与排除方法	X	
				025	加气机检定项目	X	
				026	加气机检定方法	X	
				027	加气机检定方法的比较	X	
				028	加气机检定注意事项	X	
	D	应急安全 (17:02:2)	14%	001	应急预案的概念和文件结构	X	
				002	应急预案的主要内容	X	
				003	应急预案的分类	X	
				004	应急预案培训	X	
				005	加气车辆突发燃气泄漏的现场应急预案	X	
				006	加气机突发燃气泄漏的现场应急预案	X	
				007	加气站应急工作原则	X	
				008	加气过程中车辆着火的应急处理	X	
				009	加气柱被拖车拉倒造成泄漏的应急处理	X	
				010	加气站风险评价	X	
				011	安全生产概述	X	

续表

行为领域	代码	鉴定范围 （重要程度比重）	鉴定比重	代码	鉴定点	重要程度	备注
专业知识 B 73% (84∶18∶06)	D	应急安全 (17∶02∶2)	14%	012	安全生产管理的概念	Z	
				013	安全生产管理的内容	X	
				014	安全生产责任制	X	
				015	安全生产教育培训	X	
				016	安全生产检查	X	
				017	安全事故概念	X	
				018	安全事故分类	X	
				019	安全事故类别	Y	
				020	安全事故等级划分	Y	
				021	安全事故预防措施	Z	

注：X—核心要素；Y—一般要素；Z—辅助要素。

附录3　高级车用加气站操作员技能操作鉴定要素细目表

行为领域	代码	鉴定范围（重要程度比重）	鉴定比重	代码	鉴定点	重要程度	备注
技能操作A 100%（17:02:01）	A	设备操作（05:00:01）	30%	001	编写HSE作业指导卡	X	
				002	液压子站卸气操作	X	
				003	压缩子站卸气操作	X	
				004	安装旋进旋涡流量计	Z	
				005	操作卸气后的液压系统	X	
				006	操作液压顶升系统	X	
	B	运行控制（05:01:00）	30%	001	加气枪放空头漏气故障诊断及处理	X	
				002	试运天然气压缩机	X	
				003	加气声音过大故障诊断及处理	X	
				004	试运加气站气动系统	Y	
				005	储气井排污	X	
				006	识读加气站工艺流程图	X	
	C	维护保养（05:01:00）	30%	001	更换IC卡主板	X	
				002	更换电磁阀线圈	X	
				003	清洗液压橇体液压油低压过滤器滤芯	Y	
				004	更换电磁阀阀芯	X	
				005	NGV加气枪拆装	X	
				006	更换压力传感器	X	
	D	操作计算机（02:00:00）	10%	001	使用Excel填报生产报表并发送邮件	X	
				002	使用Word"替换"功能替换文档指定内容	X	

注：X—核心要素；Y——般要素；Z—辅助要素。

附录4　车用加气站操作员技能操作考试内容层次结构表

内容项目级别	技能操作				合计
	设备操作	运行控制	维修保养	操作计算机	
初级	35分 10~20min	30分 15~20min	35分 15~45min		100分 40~85min
中级	30分 10~35min	35分 10~45min	35分 20~50min		100分 40~120min
高级	30分 15~45min	30分 15~45min	30分 15~40min	10分 15~30min	100分 60~160min

参 考 文 献

[1] 中国石油天然气集团公司人事服务中心. CNG加气站操作工. 北京:石油工业出版社,2006.
[2] 冯幸福. 燃气汽车及加气站技术. 北京:电子工业出版社,2001.
[3] 郁永平. 天然气汽车加气站设备与运行. 北京:中国石化出版社,2006.
[4] 中国石油天然气集团公司职业技能鉴定指导中心. 加油站操作员. 东营:中国石油大学出版社,2012.